花开与敦煌

常沙娜眼中的敦煌艺术

常沙娜 —— 著

中国青年出版社

目录

一、敦煌莫高窟艺术的价值 ~001

二、敦煌莫高窟历史文化艺术的背景 ~007

  1. 敦煌的历史 ~009

  2. 我国石窟寺的形成 ~011

  3. 沙门乐僔的传说 ~014

  4. 莫高窟的年代和规模 ~016

  5. 敦煌藏经洞的发现 ~019

三、敦煌历代石窟佛教艺术巡礼 ~033

  1. 壁画艺术的主要内容 ~035

  2. 敦煌历代装饰图案 ~038

  3. 敦煌历代服饰图案 ~062

  4. 敦煌的色彩 ~099

  5. 敦煌的动物 ~105

  6. 敦煌石窟艺术在各个历史时期的发展 ~124

四、敦煌守护神——我的父亲常书鸿坚守敦煌四十年的故事 ~199

五、常沙娜与敦煌 ~213

敦煌莫高窟艺术的价值

打开我国的地图,在东经 95°、北纬 40° 附近,就能看到敦煌。

它西邻新疆,南接青海,是中国甘肃省最西边的县镇,现已改为县级市——敦煌市。它的周围绝大部分都是沙漠,还有有限的耕地和草原。在离敦煌城东南 25 公里的地方,隐藏着一个小小的绿色带,它一点也不惹人注意,举世闻名的敦煌莫高窟——千佛洞就神奇地隐藏在这里。

敦煌有两座名山:三危山(祁连山的支脉)、鸣沙山。两山的衔接处是一片宽达数十里的坡地,上面平沙漫铺,十分荒凉。莫高窟这个小小的绿洲就深藏在这片坡地里。它隐蔽得如此之妙,使我们到了跟前还不知它在那里。

原来这片坡地从远古以来就被两山间流出的大泉冲开了一道深而广的河床，河床的东岸形成起伏的沙丘，西岸是陡立如削的崖壁。莫高窟就开凿在西岸的崖壁上。

莫高窟的景象十分引人入胜。几千年来靠着祁连山常年积雪融化形成的大泉河，几经变迁，现在只剩下一支珍贵的细流。它清澈如镜，从石崖南方约两里的地方钻出沙面，曲曲折折地流过莫高窟，就又潜入沙碛中去了。这股地泉，好像就是为莫高窟存在的。它是莫高窟的生命之泉，沿着历史的长河养育莫高窟的佛教艺术已经1500年了，至今仍呵护着莫高窟这所世界闻名的文化遗产、这一世外桃源的奇景。

古代的莫高窟比现在要壮丽得多。据现存的几方唐代的碑文记载，那时有数以千计的石窟（目前存有壁画、彩塑并编号的共492窟），窟前都有木结构的窟檐，并有廊道相接。古代天才的僧人和艺术匠师，像镶嵌宝石一样在这灰色的崖壁上凿起一座座美丽的石窟艺术的殿堂。就是不读碑文，我们从现存的五座彩绘的唐宋木结构的窟檐建筑上，也还可以依稀想见它盛时的光景。

莫高窟的崖壁地质属于"玉门组砂砾岩",也叫"第四世纪岩层"。它由河水冲积而成,是大小不等的鹅卵石和沙土的混凝物。它的硬度极不一致,一般来说是很松脆的,因为石子虽然坚硬,却各个分离,只靠一点点粘力不大的钙质胶结住,因之凿窟还可以,在上面雕刻就不行了。这种层岩的特殊性质决定了莫高窟的面貌,使它只能向塑像和壁画发展。壁画就画在墙面上——鹅卵石混凝物的表面抹上一层用细土和芦苇花纤维调成的土层,佛尊就用泥塑造之后上色;崖外则采用木结构的崖檐和走廊相连接。这种石窟群就和中原几处石窟,如云冈、龙门、天龙山等用岩石雕刻出来的大不相同。

敦煌莫高窟的佛教艺术的特殊价值在于:它系统地保存了4世纪到14世纪这1000多年间的历代壁画、彩塑、建筑等方面的文化艺术,也展现了其发展和演变的过程,同时形象地记载了历代宗教、人物、风俗生活的历史。所以,敦煌莫高窟是一个完整系统的中国佛教艺术的宝藏,也是反映历代生活、人文习俗的博物馆。

除了敦煌莫高窟,世界上尚没有第二处保存如此系统完整、规模这样庞大集中、延续时间这样长的壁画和塑像的遗址。敦煌莫高窟也只有在中国西北这种特定的地域环境中——空气干燥，常年人烟稀少——才得以保存至今。

著名的古希腊、古埃及文化都是在公元前（前3000—前2000）发展、盛行、遗存的，之后就没有能够延续下去。

中国著名的学者季羡林先生曾经这样说："世界上历史悠久、地域广阔、自成体系、影响深远的文化体系只有四个——中国、印度、希腊、伊斯兰，再没有第五个。而这四个文化体系汇流的地方只有一个，就是中国的敦煌和新疆地区，再没有第二个。"这充分说明了敦煌在中西文化交流史上的重要性。

除了莫高窟，附近的榆林窟、西千佛洞和东千佛洞的修造年代及艺术风格与莫高窟大致相同，也由敦煌研究院管理。

从20世纪90年代始，随着旅游业的兴起，敦煌已成为旅游胜地。游人打破了往日的宁静，在这种形势下如何保护好这些不可再生的文物遗产，便成为当今敦煌研究院面临的新课题和重要任务。

二

敦煌莫高窟
历史文化艺术的背景

1

敦煌的历史

元鼎六年，汉武帝为了安定西边的门户，开辟了"河西走廊"（现称"丝绸之路"），即从兰州经武威、张掖、酒泉、安西到敦煌。敦煌是这个"走廊"的西北角，是由中原地区通往天山南北各地的必经之地，是通往沙漠边缘的绿洲，因此它也成为长途旅行中通往西域必经的旅途供应站和休息站。汉代设置了敦煌、酒泉、张掖、武威四郡，以及阳关、玉门关二关。由此，中原与西域（汉时指现在玉门关以西的新疆和中亚等地区）陆上交通往来日趋频繁，文化交流和商业往来不断丰富。因此，敦煌成为古代中国丝绸之路上的重镇，是中原和中亚、西亚各地区文化交流和经济往来的前哨。

4世纪初，敦煌就成为佛教传入的重要之地，开始建造规模宏伟的佛教艺术殿堂。随着佛教自印度的传入并被广大民众接受，佛教极为风行，成为统治阶级和民众寻求精神寄托的主要信仰。

佛教长期被历代统治阶层所推广，也成为社会各阶层民众信仰的精神支柱。释迦牟尼的身世故事也变成"经变"故事而传播。敦煌壁画的内容主题就是围绕这些故事和行善乐施等宗教教义来展开的。

2 我国石窟寺的形成

随着佛教的兴起,宗教的修行场所——石窟寺(cave temple)也随之流行。

在崖壁上建凿洞窟在我国远古就有,但石窟寺却是佛教的产物。它带有纪念性质,和汉代流行的"石室"祠墓有些相似。中国人接受了佛教,也在汉代墓室的基础上接纳了石窟寺的形式,使它成为中国的佛教建筑样式之一。

在印度,石窟寺是佛教徒为了纪念、学习佛祖释迦牟尼而建。印度石窟寺大约开建在公元前273年至前232年,是印度的阿育王

（Aśoka）时代。世界闻名的印度阿旃陀石窟（Ajanta Caves）就是这类石窟的代表。

在我国，随着佛教的传播，石窟寺也在各地兴起，最后形成了我国特有的石窟形式。

石窟寺的特点是大多开凿在悬崖绝壁、人迹罕至的地方，目的是供佛教徒修行，因之窟内一般都有佛像或舍利塔，以及以佛经为题材的雕刻或壁画。

敦煌莫高窟开凿于366年，比山西的云冈石窟早94年，比河南的龙门石窟早127年。从敦煌起始，随着佛教的广泛流传，石窟寺逐渐分布全国：

北路，有甘肃的安西榆林窟、张掖马蹄寺、武威天梯山石窟，山西的大同云冈石窟、太原的天龙山石窟，河南的洛阳龙门石窟，河北的邯郸响堂山石窟。

南路，有甘肃东部的麦积山石窟（天水）、中部的永靖炳灵寺，四川北部的广元千佛崖、绵阳和巴中的大足石刻，云南剑川等处的石窟群。

这些遍布全国的石窟寺在窟室形制、表现内容、艺术风格上都和莫高窟一脉相承。因此，要了解我国的石窟艺术必须首先了解莫高窟。它是一把钥匙，也是一部首尾完整、最具代表性且系统的石窟艺术编年史。它通过宗教的折光，反映了中古时期一千年间中国人民的生活面貌。它向我们展示出我国石窟艺术的兴起、繁荣、衰歇的全部历程。

在这个荒凉、寂寞、稀无人烟的沙漠戈壁，为什么会产生莫高窟（千佛洞）这样的石窟群呢？为什么人们世世代代花费那么多的劳动，克服种种难以想象的困难，在这沙漠中创造出这个奇迹呢？

我们不妨在这里做一个初步的探索。

3

沙门乐僔的传说

根据唐代碑文记载：366 年，有位名叫乐僔的和尚，西游到敦煌的三危山下。这时正值黄昏，太阳快要沉落在茫茫无际的沙漠中了，乐僔和尚还没有找到夜宿的地方。他正寻思着，忽一抬头，在他眼前出现了奇景：对面的三危山一派金光，好像有千万个佛在金光中显现。乐僔和尚被这奇景震撼了，他想：这正是佛之圣地。从此他便开始募人，决定在这个地方开建莫高窟的第一个洞窟。

碑文的记载原文如下："莫高窟者，厥初秦建元二年（366 年），有沙门乐僔，戒行清虚，执心恬静，尝杖锡林野，行至此山，忽见金光，状有千佛，遂架空凿岩，造窟一龛……"

乐傅和尚当时所见的"金光千佛"自然是幻觉。我们今日在莫高窟有时仍可看到三危山在夕阳西下时的金色反光。三危山的地貌属于玉门系老年期山脉，山上无草木，岩石呈暗红色，含有矿物质——夕阳照射下，金光灿烂。乐傅和尚当时对此奇妙的自然景象无法解释，而归之于"佛"。

乐傅和尚在此建造了第一个石窟之后，不久又有法良禅师从东方来到这里。他发下愿心，在乐傅和尚的窟旁开凿了第二个石窟。从此，石窟逐渐地多了起来。凡是通过这里前往西域的商队和善男信女，为了许愿或还愿都要在此建造石窟。不论石窟规模大小，都以这种形式表示自己的虔诚和信仰。这种风尚延续了1000多年间的10个朝代。

唐碑上所说的建于366年的第一个石窟至今尚无从确认。仅从现有的题记考证，最早的石窟是十六国、北魏时期的，相当于366年至534年。

4

莫高窟的年代和规模

自366年乐僔和尚建造莫高窟开始,敦煌莫高窟共经历了10个朝代(表1)。

莫高窟的窟群形成重叠状的结构,全长近2公里,经正式编号有壁画和彩塑的石窟有492个。如果把这492个窟内的壁画一一连起来,将平均高度定为2米,其长度可达25公里。作为一个观众,不用说走着看了,就是坐着时速25公里的汽车也需要1小时,才能与这些壁画打一个飞速的照面。

表 1 莫高窟的年代和规模（366—1368）❶

朝代	起止年代	经历年数	现存洞窟数
十六国	366 至 385 年	19 年	7 个
北魏	439❷ 至 534 年	95 年	14 个
西魏	535 至 556 年	21 年	7 个
北周	557 至 581 年	24 年	15 个
隋	581 至 618 年	37 年	94 个
唐	618 至 907 年	289 年	276 个
初唐	618 至 712 年	94 年	46 个
盛唐	712 至 762 年	50 年	94 个
中唐	762 至 821 年	59 年	55 个
晚唐	822 至 907 年	85 年	81 个
五代	907 至 960 年	53 年	26 个
北宋	960 至 1127 年	167 年	15 个（重修 66 个）
西夏	1038 至 1227 年	189 年	17 个
元	1206 至 1368 年	162 年	9 个

❶ 学者们对莫高窟的年代和规模通常有不同的看法，本表格的数据主要来自常沙娜的研究成果。——编者注
❷ 439 年北魏灭北凉，统一北方。

据粗略统计，莫高窟中保存较完整的彩塑有 1400 多尊，残缺而经清代重修的有 720 多尊（清代重修很差，实为破坏），残缺而未被重修的有 70 多尊，总数为 2000 尊以上，还不包括数以万计的影塑（如早期小千佛浮雕）。

世界上哪里还有如此规模雄伟的画廊和彩塑馆呢？况且这仅是目前幸存下来的数目，至于千余年来，各种情况下湮毁无存的，还不在少数。

敦煌莫高窟给我们留下的艺术遗产是如此的丰富精美，它永远是我们民族文化艺术的骄傲，是我们民族智慧和艺术创造力雄厚旺盛的标志。

5 敦煌藏经洞的发现

莫高窟从开凿到元代终止兴造，历经了一千多年。明代以后，莫高窟就十分冷清，乃至渐渐被中原人士遗忘。

明太祖朱元璋于1372年在肃州（现酒泉地区）以西修筑了嘉峪关后，放弃了嘉峪关以外诸地。嘉靖三年（1524年），明朝政府正式关闭了嘉峪关。从此，这里与中原隔绝，莫高窟无声无息地躺卧在西北边陲沙漠戈壁滩上数百年。直到光绪二十六年（1900年），一个偶然的原因，莫高窟藏经洞被发现，继而莫高窟传奇般名震中外、重放光彩，成为世界瞩目的"东方艺术宝库",也成为西方探险家、考古勘察队掠取的目标——他们开始涉足这座已沉睡了几百年的艺术宝库。

这是1900年5月26日的事。

有一名叫王圆箓的道士,他是湖北麻城人,逃荒到甘肃,穷无所依,当了道士。游历到敦煌,他就在莫高窟定居下来。

这个小道士颇想有所作为,用化缘得来的银子雇人清除洞子的积沙。这一天王道士正监督工人清除莫高窟北端第16窟甬道中的积沙,奇迹出现了:在宋代壁画的通道里,由于清除了沙子,墙壁失去了多年以来附着的支撑力量,以致一声轰响,裂开一道缝。王道士好奇地敲了几下,发现其中是空的,他随即打开了这面空墙,竟然发现里面封着一扇紧闭的小门。小门打开后,门内是一间高约160厘米、宽约270厘米的长方形暗室,里面堆满了经卷、绢画卷、文书、绣画……一卷卷密密麻麻地堆放着,多到数不清。其中藏有从5世纪到8世纪的各种珍贵文献、古籍,包括北魏、唐代时期所写的佛经、地志、乐曲、诗词、信札、账簿、医卜、户籍、契据等。除了汉文，还有藏文、古维吾尔文、印度文等文字的经卷和札记，都是印刷术使用之前的手写珍品，画卷也多是与壁画相同的佛教绢画。这批珍贵史料的发现，对研究我国当时在河西走廊一带各个时期的经济、文化、宗教、民族等状况有着非常重要的意义，是一次震惊国内外的重要发现。它的发现揭开了中国乃至世界许多被遗忘的历史。

据考古学家推测分析，这间密室大约历来是莫高窟僧人的储藏室。这批暗藏于密室的文献、画卷，是当年的莫高窟僧人有意秘密封存的。从它密封的壁画及密室藏品的年代推断，可能是在11世纪中叶，也就是西夏入侵敦煌以前，莫高窟僧人准备逃难时有意封存的。但是他们一去就不再回来，这间密室竟成了一个永远的秘密。

这个秘密的发现，是震惊世界学术界的大事。它的价值是无从估量的，这一点不但愚昧无知的王道士不知道，连清政府也认识不到。当时的有识之士建议将文物运往甘肃城保管，但要花五六千两银子，清政府便根本不予考虑，只由敦煌县发出一道公文，叫王道士照旧封起来。这批文物的命运，就这样握在无知的王道士手中了。

王道士并没有认真执行封存的命令，而是通过各种渠道把经卷、绢画等国宝出卖。它们流散四方，也就最终没有逃过各国考古探险队的眼睛。这些人凭着考古嗅觉和汉学知识，接二连三地来到这荒芜的莫高窟，开始了他们的盗宝计划，把中国价值连城的国宝一批又一批地从藏经洞中劫持而去。

下面列举五个主要的盗宝者和盗宝经过：

① 1907 年——斯坦因（Stein）

第一个出现在敦煌莫高窟的盗宝者是英国皇家探险考古队的斯坦因。他生于 1862 年，成长于匈牙利布达佩斯的犹太家庭，41 岁正式取得英国国籍。1900 年，他就开始了对中国西域的第一次远征——穿越克什米尔和喀喇昆仑山，抵达中国的边境古城新疆喀什。当时，正值瑞典探险队的斯文·赫定（Sven Hedin）用铁铲和皮靴惊醒了沉睡千年的古城楼兰，从那里裹走了大批文物回国。而在楼兰的另一端，斯坦因已经踏上丝绸之路，开始了他对中国西域的第一次远征。

斯坦因到了莫高窟，面对藏经洞内的藏品，他惊呆了，深深被吸引住。1907 年，一年中斯坦因先后四次往返敦煌。1914 年，他又去了一次。每次都是掠取宝物，满载而归。

1932 年，斯坦因撰写并出版了《西域考古记》（*On Ancient Central-*

Asian Tracks）。这本书由向达先生翻译（中华书局印行）。书中第十二章详尽地描述了他到达敦煌莫高窟，见到壮观的石窟群时的感受。而在第十三章中，他毫不掩饰地描述了他哄骗王道士的经过：首先，他以对玄奘的虔诚而得到王道士的信任；然后，王道士把藏经洞中的宝物一批批取出给他看；最后，他被允许亲自进入狭小的洞内饱览密室的宝物。之后，他又承诺为修缮洞窟捐款，并利用在洞窟中发现玄奘转译的佛经这一事件，说这是"中国护法圣人"（指玄奘）在显圣，这是一个"半神性指示"，自己应该得到这些"圣物"。王道士果然彻底放下顾虑，让他任意出入密室，并任意选择"圣物"。斯坦因描述道："我激动的心情最好不要表露太过，这种节制立刻收了效。"——斯坦因表面上的"冷漠"，让王道士更坚定地认为有些"遗物"没什么价值。

斯坦因成功地从愚昧无知的王道士手中先后4次骗取了共24箱的古写本经卷和5大箱绢画、绣品画，共29大箱。1914年（继1907年之后），斯坦因再次去敦煌，又以500两银子的价格向王道士盗购了5箱卷本。

据斯坦因自己在《西域考古记》中的叙述,他在莫高窟骗取了:"织绣品150余方,绢画500余幅,经卷(大印本、写本)6500余卷。"这确实是一个令人痛心的惊人数字。现在,这些珍宝都已成为英国大不列颠博物馆的藏品。作为中国人,这是一种什么感觉?

② 1908年——伯希和(Pelliot)

斯坦因在敦煌盗宝成功,招来了第二个西方探险考古队——法国的伯希和一行。

伯希和是法国科学院院士,东方学专家。他富有语言天才,懂13种语言,对汉语尤为精通,古文也能看懂。

1908年7月,伯希和到达敦煌莫高窟。他凭着精通汉文的优势,表现出对玄奘取经的敬意,又施予小恩小惠(镜子、剃胡刀等洋玩意儿),很快又取得了王道士的信任。他在藏经洞内和摄影师鲁艾特足足蹲了三个星期,将藏经洞内尚存的经卷、画卷整个翻了一遍。伯希和凭着良好的汉语功力,从藏经洞中挑出为斯坦因所忽略但又很有价值的画卷经卷共6000余幅，其中就有国内已见不到的唐代绢本画（与莫高窟唐代壁画同一粉本）。伯希和贪婪如"吸血虫"，把藏经洞的精华狠狠地吸干了，最后交给王道士的是500两白银和一块怀表！敦煌莫高窟——我们民族的文化遗产，祖先给我们留下的遗产，就这样继斯坦因之后再遭劫难！

以上珍宝至今仍被法国巴黎吉美博物馆（Musée Guimet）收藏。每当我去巴黎，都要去看望一下祖国流落他乡的遗珍。

③ 1912年——橘瑞超（Tachibana Zuicho）

橘瑞超，日本僧人，1912年接踵而来。他是日本大谷光瑞探险队派遣来敦煌的。面对佛门信徒，王道士更无任何戒备，任其挑选藏经洞内所剩不多的经卷。橘瑞超又从收藏在彩塑佛像内的经卷中，挑出600份精品掠走！

④ 1914 至 1915 年——鄂登堡（Oldenburg）

1914 年，俄国沙皇时期的探险队员鄂登堡等人也不甘落后，他们相继来到敦煌莫高窟，成为第四批盗宝者。他们在第一、第二、第三批盗宝者之后，通过王道士，轻而易举地把劫后的藏经洞内的经卷、画卷，又挑选一批盗走。（此考古队后来在宁夏盗走大批西夏文物。）

1914 年 5 月至 1915 年 1 月，鄂登堡抵达敦煌时，藏经洞内大宗的珍宝已被斯坦因、伯希和掠走。"来得早却不懂中国文化的斯坦因拿得多，来得晚但精通汉学的伯希和拿得精。"鄂登堡除了在藏经洞内将可拿走的珍宝挑走，还在洞窟内搜集脱落断裂的壁画碎块和残破的彩塑，甚至将洞内的泥土，也都通通装箱带回俄罗斯。其中有塑像 24 件、织物 38 件、写本残片 8 件、绢画断片 137 件、壁画断片 43 件、佛幡 66 件，共 316 件，现存彼得堡的"国立艾尔米塔什博物馆"——冬宫。

此外，《敦煌千佛洞叙录》记载，鄂登堡在敦煌近半年的日子里共记有日记417篇,几乎每个洞窟都有一篇记录,包括窟形、窟门,何处有破损,何处有烟熏、穿洞,何处有题记文字……都有详尽的记录。

⑤ 1923年——华尔纳(Wanner)

美国的考古探险者是第五批来到敦煌莫高窟的盗宝者。

此时,藏经洞的宝藏已被洗劫一空。华尔纳时任美国哈佛大学"东方艺术"课程的教授,对敦煌莫高窟有强烈的热情。他表示:"要去看一看,经过英、法、日、俄等国的探险队挖掘后,还剩下些什么。还想弄清楚中国艺术史上的谜,如唐代壁画使用的是什么颜料、如何制成、如何千年不褪色……"

华尔纳把敦煌之行说成是"侦察旅行",并把重点转向了不可移动的壁画和彩塑。他用了破坏性的卑劣手法,动手用胶布在初唐和盛唐第320、第321、第329、第331、第335、第372窟粘去了26块精美的壁画,并搬走第328窟壁龛内最优美的盛唐彩塑供养菩萨。

为此，哈佛大学的实验室为他提供了一种能够使颜色和壁画分离的化学溶液，好让他进一步对颜料进行化验。

华尔纳这次粘走的壁画及窃走的盛唐彩塑菩萨，现存于美国哈佛大学福格博物馆。

1925年，华尔纳重返敦煌，计划在莫高窟进行更大规模的壁画偷剥。这次，终于民怨沸腾，地方百姓愤怒抵制、驱赶，中国历史学者陈万里博士强烈抗议，华尔纳的破坏计划未能得逞。

经过以上各国盗宝者肆无忌惮的掠夺，我们的民族文化——敦煌莫高窟遗产遭到令人痛心的劫难。正像当年英法联军在我们的家园洗劫圆明园一样，各国盗宝者在先后不到20年的时间里，把藏经洞内的珍宝——写经、历史文献、绢画等劫持一空。如果当时没有当地百姓起来制止，恐怕连洞窟内的壁画和彩塑都无法幸免于难。

价值连城的敦煌经卷和绘画被大量劫走后，敦煌的名声顿时流传出去，世界为之一震。为了研究敦煌的艺术和文献，西方学术界成立了专门的研究学科，即"敦煌学"。

当中国的学者看到伯希和的《敦煌石窟图录》和斯坦因的《西域考古记》时，才得知我们民族文化遗产的发现和被掠，进而都为之惊叹，然而此时宝藏已归属他人了。国内学者开始关注时，面对的却是"秘藏虽尽，宝窟仍在"的情形。

1941年，当时的国民政府监察院院长于右任到莫高窟时写下：

> 斯氏伯氏去多时，
>
> 东窟西窟亦可悲。
>
> 敦煌学已名天下，
>
> 中国学人知不知？

1942年，北京大学教授向达先生向国民政府呼吁，将千佛洞归为国有。

敦煌艺术的历史和藏经洞的发现，是我们民族文化的骄傲，但也经历了一段耻辱的劫难。我们作为炎黄子孙，今天要担负起保护、继承和发展我们民族优秀文化遗产的重任！

敦煌学应该在中国，它是属于我们中国人民的，是中华民族灿烂的文化遗产！

改革开放后的20世纪80年代，敦煌莫高窟被联合国教科文组织定为世界文化遗产。

下面，让我们迎着三危山的万道金光，按照时代的顺序，走进莫高窟艺术的殿堂，作一次概括的巡礼。

三

敦煌历代石窟佛教艺术巡礼

1

壁画艺术的主要内容

敦煌莫高窟是建筑、彩塑、壁画三大部分综合的艺术，下面侧重介绍壁画内容。

石窟本身就属于建筑的形式，是设置佛祖塑像和绘制佛传故事壁画的殿堂，也是僧侣修行、善男信女举办佛事活动的场所。如今，这里是广大民众了解历史、观赏艺术的场地。

石窟的主体以佛塑像为中心，四周布满各种形式的"佛传""经变"故事壁画，顶部以藻井、平棋等装饰图案作陪衬，地面铺有莲花图案的地砖作装饰，形成一个犹如佛国的环境——绘画、彩塑合璧，浑然一体。

壁画大体分为以下五种内容和形式：

① 佛像画（说法图），佛祖、菩萨及弟子的画像。

② 故事画，佛经中有关释迦牟尼舍身行善、修行等本生故事。如萨埵那太子本生故事、出游四门、五百强盗成佛图等。

③ 神话故事（以北魏早期为主），出现与佛教无关的《山海经》中的神话形象，如：东王公、西王母、女娲、青龙、白虎、飞廉、雷神、羽人等。这类故事题材反映了佛教与道教思想的融合，在唐代以后逐渐消失。

④ 经变画，以佛经为依据，构图侧重完整的绘画形式（盛行于唐、五代），如："西方净土变""法华经变"等。画中描绘了殿堂、亭台楼阁、乐舞、翱翔的飞天、莲花池、鸳鸯戏水等净土天国的场景。"维摩诘说法"也是唐代常见的描绘维摩诘居士与文殊菩萨辩法的生动人物画题材（唐代阎立本的画风）。

⑤ 供养人画，即窟主的画像。早期多为小身，在佛的下端，按男左女右排列，题有"×××一心供养"的题记。

唐代后，画像逐渐增大，甚至大于佛像。如第130窟盛唐的都督夫人供养像，这是一幅完美的唐代仕女画像，仕女的服饰、头饰真切地反映了当时的风尚。

晚唐的出行图成了供养人画的新形式，反映了当时王公贵族出行的派头，如《宋国夫人出行图》便是当时的贵族生活与服饰的写照。

2

敦煌历代装饰图案

象征着中国古代中西文化经济交流及友好往来的"丝绸之路",是中国历史文明和智慧编织出的一条璀璨绚丽的丝带,而敦煌石窟艺术就是镶嵌在这条丝带上光彩夺目的一颗明珠。

敦煌莫高窟(千佛洞)的开辟和延续,经历了1200多年的历史。在这漫长的历史长河中,虽经历自然和人为的种种损坏,至今仍保存了十六国(北凉)、北魏、西魏、北周、隋、唐、五代、宋、西夏、元十个朝代(366—1368)的700多个洞窟,其中有壁画、彩塑及编号的洞窟为 492 个，窟内壁画有 4.5 万余平方米，塑像 2000 余身，唐、宋时期窟檐木结构建筑 5 座。再加上敦煌地区其他石窟群，如西千佛洞、榆林窟、东千佛洞等，共同组成了世界上现存规模最大的佛教艺术宝库，延续时间之长堪称世界之最。

敦煌石窟艺术是基于历代佛教的宗教艺术，各个时期的壁画、彩塑都围绕着佛教教义故事进行创作，但是在艺术形式上，鲜明地呈现出中国艺术继承民族传统并发展的历程。敦煌石窟艺术接受并融合了西域的外来文化，经过历代的发展，在各个历史时期都创造了具有民族特色和时代风格的艺术珍品。

早在十六国、南北朝时期，敦煌的艺术家们就把自汉代以来的墓室壁画和画像石中经常刻画描绘的骑射、狩猎场面融于佛教主题的"佛传故事"中，把释迦牟尼本生故事多样地世俗化了。石窟中还描绘了与佛教无关的中国上古神话传说故事的内容，如西魏第 285 窟的藻井上绘有手执规矩的"伏羲女娲"，以及龙凤驾车的"东王公、西王母"，还有青龙、白虎、朱雀、玄武四神题材，丰富了敦煌石窟艺术的民族形式。壁画中还生动地描绘了当时社会生活、生产、娱乐等诸多场面，真实地反映了人物的衣、食、住、行状况，形象地记录了与敦煌各个时代有关的社会风俗、地理山川、交通建筑、音乐舞蹈、服饰装饰等，为今天的研究者提供了极为丰富多彩的艺术形象及历史资料。

作为对建筑、壁画、彩塑的装饰，装饰图案在敦煌石窟艺术中具有相当重要的地位。装饰部分最多的是位于窟顶的藻井、平棋、人字披椽间的图案。此外，还有佛的背光、边饰、龛楣、华盖、佩饰、地毯、栏板、莲座、地面花砖等。石窟中无处不绘有各类花草、云纹、火焰纹、动物等装饰图案。只要踏进洞窟，窟顶、四周墙面、地面，每一寸空间都是由壁画和装饰图案精心构成的，敦煌石窟可谓是一座集绘画、装饰为一体的精美而华丽的艺术殿堂。

装饰图案在敦煌石窟艺术中作为一个不可缺少的重要组成部分，由于时代不同，每个朝代都形成了各自的时代风格和特点。历代装饰图案有机而协调地丰富了壁画的主题内容，通过装饰的手法把历代的壁画和彩塑，以及整个洞窟装点得更加精彩而完美。更为重要的是，透过各类装饰图案，真实地再现了敦煌艺术1000多年的历程，同时也再现了古代建筑、染织、服饰、佩饰等诸方面的装饰风格及制作工艺的发展变化，其中也反映了当时的中国与西域各国通过丝绸之路进行的一系列经济、文化、宗教的交往，反映了中西文化艺术上相互的影响以及融合发展的关系。中国敦煌历代装饰图案形象地记载了中国装饰艺术的形成、发展与变化。

① 藻井图案
② 平棋、人字披图案
③ 龛楣图案
④ 华盖图案
⑤ 背光图案
⑥ 佩饰图案
⑦ 边饰图案
⑧ 单独图案
⑨ 地毯及桌帘图案
⑩ 花砖图案

以上归纳的十类装饰图案都是与历代的石窟壁画、彩塑、建筑相配合的图案，是与石窟艺术融为一体的各有关部位的装饰。有的属于石窟建筑结构的装饰，如：窟顶的藻井、仿木结构的人字披和平棋、佛龛或僧龛的龛楣，以及铺地面的花砖；有的是壁画中为表现各类人物（佛、观音、供养人）不同身份的附属物装饰，如：华盖、背光、佩饰；有的是当时生活或佛经场景中惯用的装饰物，如：地毯、供桌帘，以及点缀空间散点的单独图案；也有的是为了壁画的分割或窟形边缘所需的边饰图案。总之，不论是何类形式，敦煌历代艺术家、设计家都是按着时代和内容的需要，在统一风格的形式下进行的装饰设计。

由此可见，敦煌历代艺术家、设计家都以惊人的娴熟手法掌握了装饰图案的构成、造型、色彩这三大要素的基本规律与法则。可以清晰地看到，历经 1000 多年变迁，敦煌艺术家们这种发扬民族传统与创新发展并重的艺术创作精神。在继承的同时吸收外来文化，将其融为自己民族特色的形式和风格。在装饰纹样和色彩上都在不断地创新变化，每个时代都具有特有的风格，而装饰图案始终与石窟建筑、壁画、彩塑等在艺术风格上保持协调一致，具有整体性，说明了历代装饰图案与敦煌石窟艺术相辅相成、一脉相承的特征。

自十六国始到隋唐，敦煌石窟历代的壁画艺术随着时代的变迁，从内容到形式都在不断地变化和发展，其装饰图案也随之发生相应变化。早期北魏、西魏时期的装饰形式，是以简单的莲花、水涡纹和三瓣叶忍冬草植物反复组成特有的图案。在平棋式的藻井图案上利用了井字形"斗四套叠"的仿木构建筑的结构，以莲花为井心图案，四角上配以西域风格的上身半裸的飞天和火焰纹。早期的装饰色彩同壁画和彩塑一样，都以土红色为主调，其间突出了部分矿物质的石青、石绿的颜色，兼用深褐色或黑色做衬托，并以白点、白线为亮点。

隋代的装饰风格除了延续前期的特征，还在继续创新发展。此时的三瓣叶已演变成随意转折、延长飘动的效果，线条更为流畅和细密。藻井仍以莲花为中心，但丰富了井心外层层环绕的边饰，除三瓣叶，还增添了小菊花似的花卉。值得提出的是，此时边饰开始配置由波斯萨珊王朝时期传来的"联珠纹"。同时，在龛楣的装饰上也出现"狩猎联珠纹"和"对鸟联珠纹"。通过这些装饰形式的变化，可见当时作为通向西域丝绸之路要塞的敦煌古郡，曾是中西文化荟萃的大都会，具有特殊而重要的地位。还要特别指出的是，以隋代第407

窟为代表，洞窟中藻井上绘制了多瓣的莲花，花心有三只兔子朝着一个方向奔跑，而三只兔只绘了三只耳朵，每只兔都借用另一只兔的耳朵，三兔相连时又各有一对耳朵，如此巧妙的构思创作，至今都令人赞叹不已。此外，莲花的四周一改过去的水涡纹，而是配有八身披着飘带的飞天，在彩云飞花中追逐飞绕，构成一幅翱翔缥缈的仙境。隋代的色调在早期的基础上变得更为多彩，除了石青、石绿，还运用了更为鲜亮沉着的曙红、浅橘黄，加上部分的贴金，突出了细密的白线和白点，形成隋代特有的精致细腻的装饰风格。

唐朝有近300年的历史，经历了初唐、盛唐、中唐、晚唐四个不同的时期。初唐时期的装饰形式在隋代的基础上，逐渐形成唐代独特的风格。主要的变化是突出了那波浪起伏的藤蔓和那旋转自如的卷草，形成充满了动感节奏的"唐草纹样"。作为装饰，可以看到一气呵成、不见重复的长达两三米的蜿蜒卷曲的卷草，气势如行云流水，充满了生生不息的生命力。不

隋第407窟　藻井图案（郭世清 整理）

045

论是在连续的边饰，还是在对称的华盖，以及圆形的背光上，它都能生动自如地在卷曲的枝蔓上穿插各类或含苞或盛开的花朵以及葡萄、石榴等果实。唐代的艺术家，不拘一格地从大自然中摄取了多种花卉植物中最精美的部分，集于装饰设计之中，既顺应其自然生长规律，又符合了"统一与变化""对称与均衡""动与静""简与繁"等图案美的形式法则。盛唐的华盖除了用丰满对称的"卷草纹"，还配有各类的璎珞和流苏的装饰，宁静庄重中又增加了

唐　花砖图案　蔓草卷纹

飘逸的动感，成为这一时期华丽装饰风格的典范。唐代的艺术家在继承和创新的发展中，表现出旺盛的创造力和惊人的智慧。

唐代装饰图案在色调上除了沿袭隋代的基调，它还更加丰富，并形成了具有时代特色的唐代色彩关系。尤其是在初唐、盛唐时期，在红色调的运用上除了曙红，增加了朱砂、大红等同色系不同色相的色彩关系，扩大了用色范围。除石青、石绿的运用，又增加了不同色度的土黄色。更为突出的特点是将可用的颜色分为浅、中、深，使用退晕法来丰富色彩的层次。色彩之间相互的关系变得更有变化，具有淳厚富丽的效果，并且在浅色层的边缘勾以白线，在深色层的边缘勾以黑线，增加了色彩的立体感觉。图案的重点局部贴金，营造出一种金碧辉煌的装饰效果，更显示出盛唐艺术鼎盛时期的辉煌壮丽。

中唐、晚唐以后的装饰形式和色调随着石窟壁画和彩塑的整体风格演变，相应地变得单一。这个时期的色彩特点是，主色调除石青、石绿，多用浅土黄、土红及赭石勾线。藻井外檐的璎珞及人物的修饰都以土红、赭石为主，配以石青、石绿，红色系已不常见。花卉

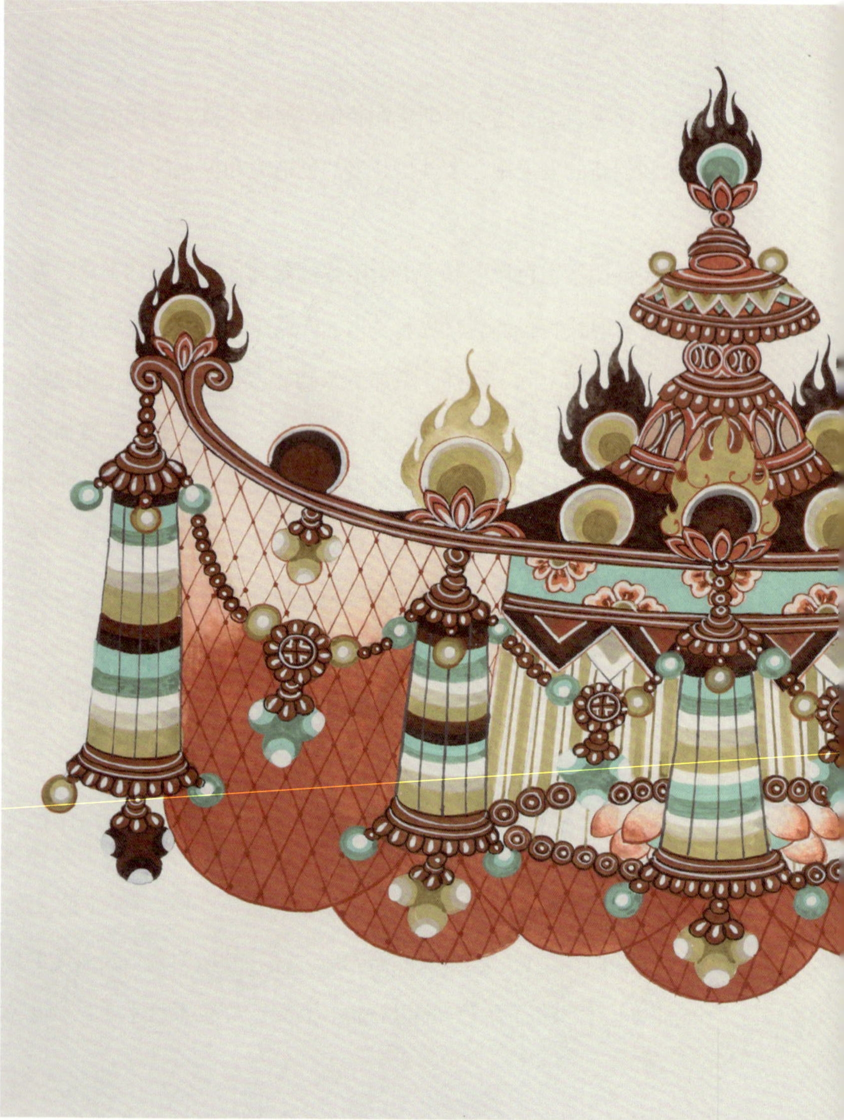

盛唐第158窟 华盖图案

的纹样出现"如意头"纹组合成的莲花团花，多以复数的六瓣或八瓣构成完整的花形。

五代、宋、西夏时期的装饰，也与壁画风格相一致，色调上以大面积石绿为主色，配以深熟褐和黑色，形成明度反差较大的对比色调（黑色很可能是氧化后的变色）。与唐代相比，装饰变得单调和重复，纹饰上除了出现较多由"如意头"组成的莲花团花，还出现了前期不曾有过的回纹。藻井中心出现了团龙，边缘图案中也饰有凤鸟的纹样，保留了唐代的卷草中起伏的波浪纹枝干，并配以重复连续的同一花纹。西夏时期出现宋瓷上常用的"宝相花"纹饰，白点的联珠纹依然可见，却以赭石线统一勾勒，成为当时特有的效果。此时的壁画内容，多为大幅通壁的"经变"，以世俗故事化的形式表现，如五代第61窟的《五

中唐第112窟　地毯图案

051

052

西夏第206窟 华盖图案

053

台山图》、五代第146窟的《劳度叉斗圣变图》，多以浅色为底色，描绘山水、人物、建筑等，类似风俗画。画面多以石绿为主调，并以浅赭石或土黄为辅色，兼用赭石线或墨线对人物、建筑、山水加以勾勒。

晚期的壁画突出了供养人的位置，供养人占据了与经变画相当的面积。壁画中描绘的供养人形象逼真，通过服饰的穿戴突出其身份地位。如五代的第61窟，表现于阗公主等供养人的形象等，描绘了她们佩戴的来自和田的玉石、翡翠项链及类似珊瑚的佩饰，这与前期佛教人物，如观音菩萨所佩戴的饰物有很大区别。

元代石窟壁画在敦煌石窟中，从数量上讲已进入尾声，壁画的内容出现了密宗佛教的表现形式，绘制方法和装饰风格都有了

西夏第409窟　地毯图案

五代第61窟 公主供养人

很大的变化。壁画的敷色不再用粉色，采用了过去所没有的湿壁画画法，即用淡彩薄敷渲染的笔法。从仅有的少量观音菩萨的佩饰以及其他装饰形式中，都可看出密宗佛教特有的风格变化。

西夏时期的人字披图案（第309窟），确切地说那是西夏时期利用隋代石窟进行重绘的结果。相隔500多年，又经历了4个朝代的变化，原石窟的窟形未变，但图案的纹饰上却有了明显的变化，西夏时期突出了单瓣宝相花式的花形和叶片，配以土红色单线的波纹枝干，利用了原有的土红色椽条，形成了西夏特有的图案。平棋格式上的装饰也突出了西夏式的莲花团花。西夏的艺术家们在延续佛教艺术的同时，在隋代原来窟形的基础上创造性地绘制了西夏时代的装饰，让它们与壁画的内容和形式统一，构成西夏时代特有的风格。据不完全统计，唐以后（907—1368），历经五代、北宋、西夏、元四个时代，在莫高窟利用隋、唐以前的石窟重修的（即覆盖全窟壁画）达267窟，这种重修前时期石窟的现象，对原石窟的壁画及彩塑是一种损坏。但是从原造及重修的各个时代的石窟中，可对比各时期艺术风格的变化。在敦煌莫高窟可以清楚地看到历史在同一地点、不同时代的进程中所发生的变化。透过壁画和装饰艺术，留

西夏第 309 窟 人字披图案

给我们的是形象而生动的艺术变迁历史。从中也可清晰地看到自佛教和佛教艺术从印度传入后，历时1000多年，敦煌艺术都是在本民族文化艺术的根底上，不断地吸纳并融合外来文化，最终成功地创造了中国历代富有民族特色的自己的艺术文化，敦煌历代的装饰图案也随之脱颖而出。

对敦煌历代图案的创新运用，有人民大会堂宴会厅、南门正厅、接待厅、半圆休息厅建筑装饰的图案设计，还有人民大会堂北大厅"四季"墙壁的浮雕装饰、东门外立面须弥座和门楣栏板的浮雕装饰，以及北京天主教堂的彩色玻璃等。

060

北京天主教堂南堂大门（中）设计图稿

北京天主教南区教堂彩色玻璃窗，上面绘有葡萄与麦穗图案

人民大会堂接待厅两侧半圆休息厅天顶的沥粉彩绘装饰设计

3

敦煌历代服饰图案

服饰装饰图案在敦煌的石窟壁画和彩塑艺术中是一个不可分割的重要组成部分。它们有机地、协调地衬托壁画主体内容，装扮塑像，使整个石窟艺术更加精彩。这些服饰装饰图案，还突出地反映了在1000多年的历程中中国工艺美术装饰的演变、发展和成就，也是"丝绸之路"在经济、文化交往中促进工艺美术装饰发展的形象记载。

对敦煌壁画中的历代服饰图案，按时间顺序加以临摹整理，可以使读者看到各代服饰图案的特征，以利于继承和发展中国服饰图案。

"忍冬草"图案，是早期中原各地石窟艺术中常见的一种装饰图案。在敦煌早期石窟装饰图案中普遍运用，其特点多是以三瓣或四瓣叶的简洁形象，用其正、反、侧的不同角度，组成有韵律的变化，具有北魏早期特有的风格。如：

这种纹样在藻井图案、壁画的边缘作为主要装饰，运用自如，变化多样。同样在人物的服装上也出现了相应风格的装饰，如图1（北魏第254窟），以三瓣叶组成的节奏有致的四方连续图案，很可能是刺绣工艺的服饰图案。

图1 北魏第254窟 人物印花服饰（佩巾）图案

"几何纹"也是敦煌早期石窟装饰图案的一种形式。几何纹的形成与当时提花织造技术的发展有密切关系。从原始的平纹组织到斜纹组织的出现，是织造上的一次飞跃。斜纹组织打破了平纹织物单调重复的格式，进一步发展出可以织出各种菱形（◇）、回形（▢）等多样几何花纹。图2（北周第428窟）、图3（西魏第285窟）是提花织物的几何斜纹图案，现在看起来虽然很简单，但在当时生产工具极其简陋的情况下，这样的图案也要很多综片才能完成。织造

图2 北周第428窟 天王回纹织花上衣图案

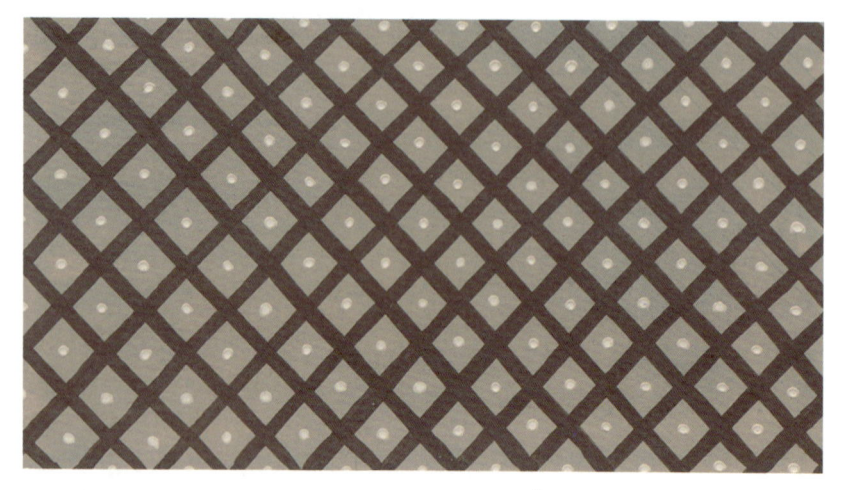

图 3 西魏第 285 窟　天王织花上衣腹部图案

工艺的进步相应地丰富了服饰图案的变化形式。如图 4（十六国第 275 窟）、图 5（西魏第 285 窟）所示，除了简单的几何织纹，也有了简单的花形提花装饰，显示了提花织物由简单至复杂的发展过程。

隋、唐时期，国家的统一促进了社会、经济、文化发展，石窟艺术也出现了新的繁荣。敦煌的隋、唐服饰图案从各个方面都登上了前所未有的精美、富丽的高峰。

图 4 十六国第 275 窟 菩萨靠背方巾织物图案

图 5 西魏第 285 窟 佛座背后壁挂方巾织物图案

隋代"丝绸之路"实现畅通，东西方文化的交融和技术上的发展，在服饰图案上有着明显的反映。

在隋代彩塑服饰上，集中地描绘了当时精美的织锦图案，内容和形式有了很重要的突破，织锦的织造工艺也达到了很高水平。如图6（隋第427窟）和图7（隋第420窟）等图案都与新疆沿"丝绸之路"南北两条古道出土的大量丝绸纺织物品图案相似。这种用联珠纹组成的饰有飞禽、走兽的图案在波斯萨珊王朝时期曾经非常盛行。图案中的禽兽有凰鸟、猛虎、狮子、飞鸟等，栩栩如生。骑马狩猎的人物也是西域民族装束打扮。隋代第420窟等彩塑菩萨服饰上的联珠狩猎图案用金箔或描金彩白线的手法绘成，以达到色彩上协调浑厚、绚丽夺目的效果。这类衣裙服饰图案除了新疆，还从西安、洛阳的古墓出土文物中得到证实，敦煌服饰图案在当时十分流行，从中也可看到隋代画师卓越的艺术才能。

唐代的敦煌装饰图案达到了繁花似锦的新阶段。初唐壁画中的菩萨衣着装饰，除沿袭早期的几何形，以及祥禽瑞兽联珠纹，唐代的"卷草"（又称"唐草"）还形成了唐代独特的服饰装饰风格，它把牡

图 6 隋第 427 窟 彩塑菩萨凤鸟联珠纹锦上衣图案

图 7 隋第 420 窟 彩塑菩萨飞马驯虎联珠纹锦裙饰图案

丹、莲花、石榴花等各类花卉，以巧妙手法组织成千变万化的装饰图案。色彩上则以石青、石绿、朱砂、土红、黑、金相连，气氛更是富丽堂皇。

在菩萨的衣着上，常见在几何形的织物图案中穿插疏密有致的犹如柿蒂形的四瓣小花纹，以及相连的小白珠（图8，初唐第220窟）。从图9和图10（初唐第57窟）所示的菩萨上衣的装饰图案，可看出是模仿经线和纬线纺织的图案，浮线比较长，是织造工艺比较复杂的一种织物。

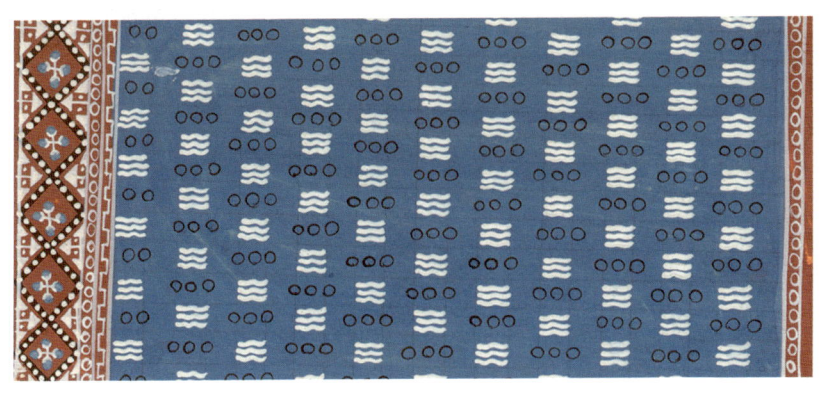

图8 初唐第220窟 经变中供养菩萨织花服饰图案

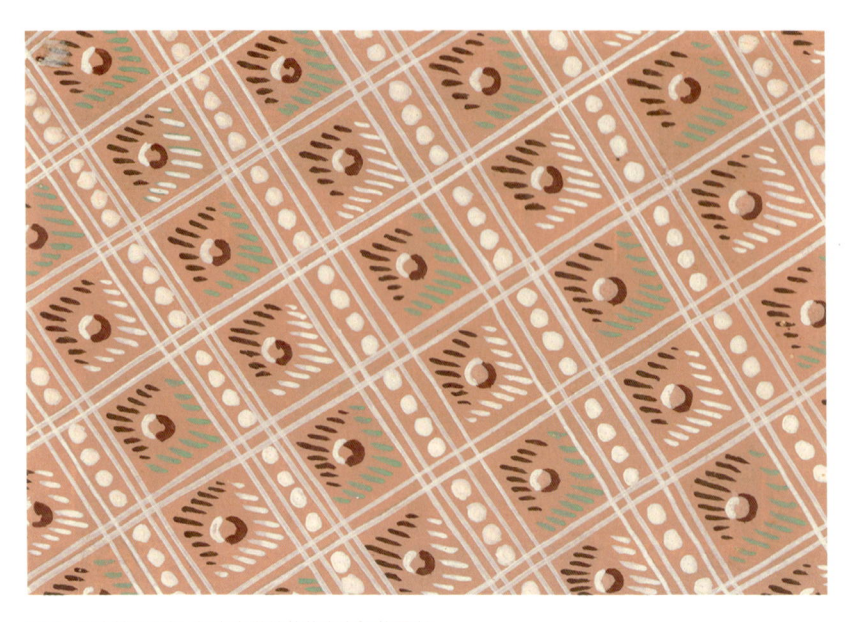

图 9 初唐第 57 窟 经变中供养菩萨内衣织花图案

图 10 初唐第 57 窟 观音菩萨织锦服饰图案

在彩塑的服饰上，初唐有更加逼真的染织图案，如图 11、图 12、图 13 所示。初唐第 334 窟彩塑菩萨裙子上的装饰，其风格正显示了唐代宫廷织锦的特征，以金箔为底，用金丝织纬，闪闪发光。绘制的图案则是彩色缠枝卷草纹，凰鸟穿插在花丛中展翅飞翔。正如唐代人对当时织锦的描写："舞凰翔鸾，乍徘徊而抚翼。重葩叠叶，纷宛转以成文。"色彩金碧辉煌，把菩萨的体态衬托得更加娴雅、温柔，也打破了神与人的界限，菩萨像大家闺秀，似宫中彩女，难怪古代世俗常把善良美丽的女性称女菩萨。能够织出如此精美的服饰织物，可见唐代的装饰艺术和工艺技术已达到很高水平。

图 11 初唐第 334 窟 彩塑菩萨织锦缎裙子图案

图 12、图 13　初唐第 334 窟　彩塑菩萨织锦缎裙子图案

盛唐时期的服饰图案更加充分地反映在彩塑和供养人画像上，表现手法更为写实。这一时期不仅描绘丰富多样的装饰图案，也注重表现服饰材料的质感。图14（盛唐第199窟）所示的一位佛弟子的袈裟上面用潇洒的笔墨点染出树丛的风景，给人以质地细腻的丝绸印花的效果，还缀着一行行有规律的针脚线，这就更增添了服装的实感。值得提及的还有图15（盛唐第172窟）的一套袈裟服饰，从边缘晕色的装点手法分明是仿照缬染的效果。图16（盛唐第166窟）中的一件袈裟，则有三种不同色彩的印经线织花效果。

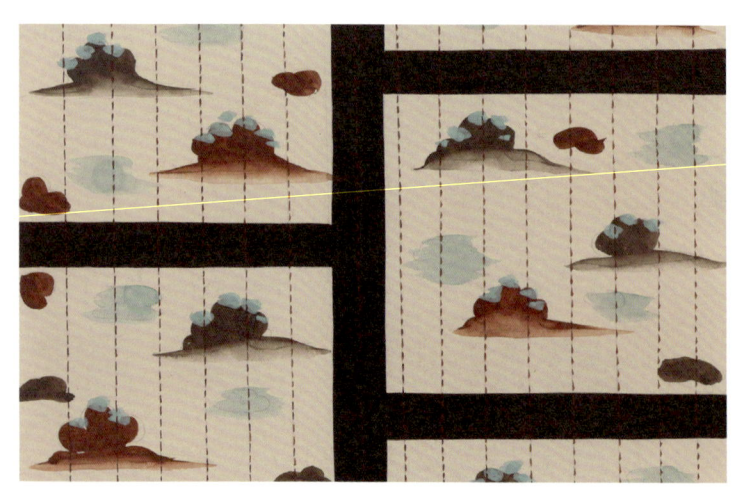

图 14　盛唐第 199 窟　佛弟子袈裟印花图案

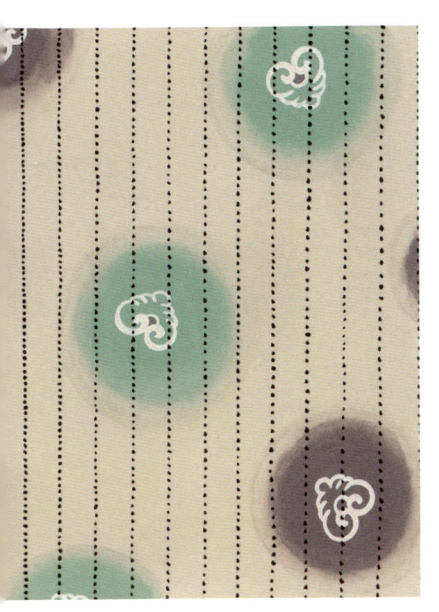

图 15　盛唐第 172 窟　佛弟子袈裟缬染图案

图 16　盛唐第 166 窟　贤劫千佛袈裟印经织物图案

作为盛唐时期的代表洞窟之一——第 130 窟的供养人群像《都督夫人供养图》，为我们提供了身形较大的权贵画像。图中既有雍容华贵、体态丰满的人物像，又有详尽的服饰资料和图案。图 17、图 18、图 19、图 20 中具有典型唐代风格的饱满的折枝花和深浅叠晕的花朵，画的分明是唐代刺绣图案。图 21、图 22（盛唐第 66 窟）观音菩萨的裙饰和披帛有清晰细致的小束花图案，从其略见透明的效果，可断定是唐代的印花薄纱。

图 17　盛唐第 130 窟　都督夫人太原王氏侍从者印花服饰图案

图 18 盛唐第 130 窟 都督夫人太原王氏提花锦地刺绣披肩图案

图 19　盛唐第 130 窟　都督夫人太原王氏侍从者刺绣服饰图案

图 20　盛唐第 130 窟　都督夫人太原王氏侍从者裙饰花刺绣图案

图 21 盛唐第 66 窟 观音菩萨薄纱印花裙饰图案

图 22 盛唐第 66 窟 观音菩萨薄纱印花披帛图案

马王堆出土的印花敷彩纱充分说明了早在2100多年前，中国已相当成功地掌握了印染涂料配制技术。唐代的印花织物也曾在新疆等地出土过。《唐语林》还记述了唐玄宗的一个女官的妹妹，"因使工镂板为杂花象之，而为夹结"，染五彩帛"献王皇后"。当时还出现了用镂空版加筛网的印花方法，解决了印制封闭圆圈的困难。

中晚唐的染织图案，比较集中地出现在壁画的供养人或菩萨的服饰上。特别是晚唐女供养人像的衣领、衣裙和披帛上，都形成了与初唐不同的风格，如贵族妇人供养像的衣裙多以花鸟纹为织锦图案。以小花叶组成团花，间以朵云和绕花飞舞的小鸟，这种花鸟纹图案与当时的铜镜图案以及日本正仓院（南仓）收藏的"臈缬绫"图案完全吻合，如图23（晚唐第9窟）女供养人服饰。图24（晚唐第156窟）所示的衣裙图案和正仓院（北仓）收藏的"花毡"图案也如出一辙，所不同的是图24所示的图案是四方连续的丝绸印花服料，而正仓院的"花毡"图案则是用在毛料上的。图25（晚唐第138窟）为女供养人的衣袖图案，凰鸟衔花，线条婉转流畅。这些图案也与正仓院所藏的著名"红牙拨镂尺"上的衔花鸟装饰纹完全相同，这是唐代中日文化艺术交流的历史见证。

图 23　晚唐第 9 窟　女供养人丝绸印花衣饰图案

图 24　晚唐第 156 窟　女供养人丝绸裙料图案

图 25　晚唐第 138 窟　女供养人丝绸印花衣袖图案

图26 晚唐第 12 窟 女供养人缬染印花上衣服饰图案

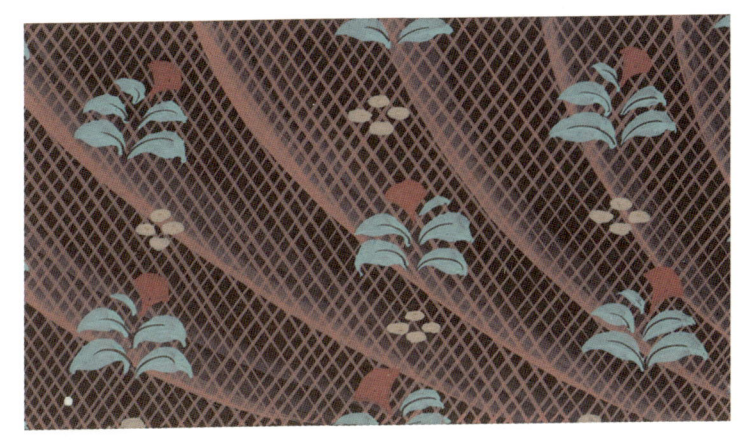

图 27 晚唐第 12 窟 女供养人印花薄纱披巾图案

还有一处应该注意的图案，如图 26（晚唐第 12 窟）。这一女供养人的服饰证实了当时缬染已经流行，同一窟的图 27 中的印花薄纱披巾已成为贵妇人考究的服饰装饰。这些服饰图案色彩艳丽，多以朱砂与石绿相衬，用石青、石绿点缀花叶，色彩缤纷、厚重。唐诗《织锦曲》中提到的"红缕葳蕤紫茸软，蝶飞参差花宛转"，道出了晚唐织锦的特色，也是晚唐妇女时装流行于河西的写照。这与张议潮收复河西后，"丝绸之路"再度畅通有关。

唐王朝崩溃以后，中国历史上又出现了短暂的分裂割据局面。由于政治、经济上的变化和"丝绸之路"转向海上交通，敦煌失去了过去那种重要的地位，敦煌石窟艺术也步入衰落时期。五代、宋初统治敦煌的曹议金家族，专门设立了画院，培养了一批专门从事石窟艺术制作的工匠。这一时期的洞窟规模巨大，彩塑和壁画的内容承袭了唐代艺术风格，但突出和发展了供养人画像。每个供养人画像都表示着他们的家庭地位和官衔，有贵族也有侍从，例如于阗国王在内的回鹘族和曹议金家族的画像。这些画像身上的衣着因袭了晚唐的服饰形式，也能看到当时受西域影响的"胡服"式样：翻领、束袖。但是，服饰图案仍然是晚唐风格的凤鸟衔枝，见图28及图29（五代第25窟）。

图28 五代第25窟 女供养人缬染服饰披带图案

图 29 五代第 25 窟 劳度叉斗圣变中劳度叉印经织花衣服图案

五代时期男供养人和天王像的衣裤上用了类似木板印花的图案,仅用了土红单色,简单朴素,颇有些民间印花的效果,见图30(五代第205窟)、图31[五代重修(北周)第428窟]。

图30 五代第205窟 男供养人木板印花服饰图案

图 31　五代重修（北周）第 428 窟　天王裤子木板印花图案

图32 宋代重修（隋）第244窟 彩塑菩萨织锦裙子图案

后期的宋代服饰图案趋于单调。不少原属隋代和初唐的洞窟，后来由宋代重修，其间的服饰图案也被宋代重修，失去了原有的面貌，如图32、图33［宋代重修（隋）第244窟］所示。图34（宋、西夏第164窟）的幔帐图案，则颇有宋瓷图案的特征。

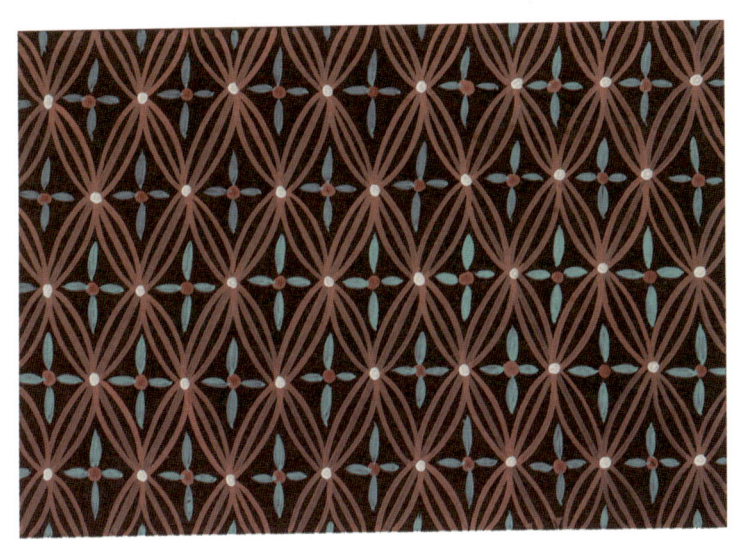

图33 宋代重修（隋）第244窟 彩塑内衣织锦图案

图34 宋、西夏第164窟 经变中织花幔帐图案

西夏、元两代，时间很短，佛教宗派起了变化，留下来的洞窟也少，服饰图案已不如前时期丰富。但是图35（宋、西夏第409窟）中男供养人衣服上的团龙图案形式是以前没有的，而且与第310窟的西夏团龙藻井的装饰图案相一致。

除了以上介绍的历代服饰图案，我们还可以在各个洞窟中找到流行于当时各个时代的种种地毯、桌围、幔帐等装饰图案。有的是嵌着毛皮边的地毯，有的是织毯，有的是毡毯，有的是绣出或织出的桌围和幔帐。不论是装饰形式或工艺品种，都与相应的服饰及其艺术风格融合成一个完整、协调的整体，与整个壁画的内容和艺术形式相统一。

这一切都充分显示了中国古代劳动人民卓越的艺术才能和无穷的智慧，同时也是研究从十六国到元代中国服饰图案史的重要形象资料。

图35 宋、西夏第409窟 男供养人印花衣服上的团龙图案

4
敦煌的色彩

敦煌壁画和彩塑上的用色，多为矿物质颜料，因此色相多为间色（无原色），故能经受住千年风吹沙袭的考验，至今仍保持其原来的基本色调。其中难免也有一些颜色变得暗淡了些，也有因氧化而变黑的（如原来的锌白粉）。但是，各个朝代仍保存了各自的色调特征。大致可简要地归纳为以下的色谱：

北魏，以土红为基调，间以石青、石绿、土黄三个主色穿插运用。并用熟褐（近乎暖黑）作为最深的色调衬托出石青、石绿、土黄的亮色。还以挺拔有力的白线作为统一色调和画面的处理手法,形成浑厚、热烈的色彩效果。

西魏,以浅土黄、浅色为底色,间以石青、石绿、熟褐为主,并用赭石线描作为统一画面的手法,形成明亮、活泼、沉着又潇洒的色调。

北魏　散花图案

西魏　散花图案

隋，以浅土红（西红柿红）、石青为主调，间用朱砂、石绿、土黄对比相映。还用特有的白联珠纹或熟褐的联珠纹加上流畅的白色勾线作为统一色调的效果。同时还起用金箔贴金，达到精美富丽的特殊效果。

唐，以石青（三青）、石绿（三绿）、中黄等为主色，间用朱砂、赭等深、中、浅叠晕效果。还用金、银箔并以白线或黑线勾描，显得更为精致厚重，衬托出金碧辉煌、富丽相应的效果。

隋　散花图案

唐　散花图案

宋，以石绿、黑为主色调，间用浅土红、灰青色。还以赭石线作为统一画面的手法，显示冷色调和重复的效果。

五代、宋　散花图案

5

敦煌的动物

敦煌壁画中有数量众多的各种动物形象,它们不仅具有各个朝代的风格特点,而且与壁画中的情节故事息息相关,起到非常重要的概括和点缀作用,也成了历代装饰图案中不可缺少的部分。各种动物的描绘,不但为画面增添了浓厚的生活气息和情趣,也反映了当年画师在继承汉代画像石等传统风格基础上有所发展。

大家最熟悉的是西魏第249窟和西魏第285窟的各种动物,它们大都是奔驰在山间的黄羊、野鹿、马和猛虎。画师用生动奔放的笔

西魏第249窟 山林猪群

西魏第285窟 山林牦牛

触，多以土红色勾画出奔跑多姿的动物，气势生动，真正显示谢赫"六法论"中的"气韵生动"。用笔非常简洁，熟练地运用动物的结构，以粗壮的笔调描绘出不同特性的动物，如鹿、马和虎，还用流畅刚劲的线描把野猪和一群小猪仔勾画得栩栩如生。

特别值得提出的是西魏第285窟附着在窟顶下面的连续着的《苦修图》。中间画着修士端坐着，他们是那样安详自得，静心禅修，而陪衬他们的是山石树林中的野兽，在奔走、吃草、饮水，有的是虎在追逐黄羊，有的是猎人在狩猎牦牛、大角羊和野猪，有的是小黄羊警觉地竖起耳朵在辨别危险的声音。画师很巧妙地以动来衬托静修的静，以活生生的现实形象来烘托画面的矛盾感。不难看出这些生动的形象是当时画师在生活中经过了深刻的观察，用高度的艺术概括能力创造出来的形象。

另外一组是窟顶斜面上描绘的伏羲、女娲，这是以中国古代神话故事中的伏羲、女娲、飞廉、乌获、羽人等与佛教无关的形象为主题创作的。执规的伏羲和执矩的女娲被描绘成人头虎身，上身绕着飞舞的飘带，与飞跃的虎尾统一地协调起来。飞廉和乌获都以火焰似

西魏第 285 窟 受惊的鹿

的翅膀陪衬飞奔有力的四肢和尾巴，配合运动着的星辰云气，构成行云流水般的生动气势。

隋代的动物大多是穿插在佛本生故事中，如第296窟得眼林故事中出征的马队，寥寥几笔以土红线勾画出具有隋代程式化、很有装饰意味的骏马。另一幅本生故事中描绘的驮运，画中的驴、马、骆驼，有驮着东西的，有休息的，有饮水的，有正载运物品通过桥梁的，还有中途生病在敷药、治疗的，这些都是当时世俗生活的再现，经过画师细致的刻画，表现出浓厚的现实气息。

盛唐第45窟　途中的驴

唐代的各种动物也随之在各幅经变中出现，表现形式与山水人物一致，更趋向于写实的表现手法，并出现了先前时期所没有的青绿烘染的山水，出现远近分明的透视法和描绘精细的线描。例如，第159窟的维摩诘经变故事里的"挤奶图"，画中一位妇人正在挤奶，被人用绳牵动的牛犊拼命地挣扎着，冲向母牛希望夺回被人拿走的奶汁，它的神态天真而激动，母牛也好像在召唤它的小牛，充分表现了它们之间的爱。牛与人之间的关系被描绘得细腻、生动。又如，第431窟中"马夫与马"是一幅描绘唐代西北人民生活的画，很富于地方色彩，那为主人放牧的马夫，在戈壁沙漠中找不到一根栓木，于是以活人代替栓木，在疲惫不堪的情况下拉住了正在休息的健壮的马。画中的马是典型唐马，与长安乾陵章怀太子墓中壁画《狩猎出行图》中所描绘的马匹犹如出自同一个画师之手。

除了以上谈到的各种形式的动物，还有装饰图案中所表现的动物。

初唐第 431 窟　马夫与马

北魏、西魏时期装饰图案中的动物被安排在人字披或龛楣图案中，衔枝的长尾鸟与忍冬草、莲花非常和谐地穿插为一个整体，鸟的尾巴与忍冬草的三瓣叶实现造型、色彩的统一，以青绿的色调，展示出厚重的风格。

西魏西千佛洞第 10 窟　人字披图案

龛楣中的孔雀或鹰鸟都增强了鸟的特征,以均衡的构图站立在花上,富有神气地注视着周围。作为装饰的主题,忍冬卷叶绕着粗壮的枝藤来回自如地转动,非常适合地填满了龛楣特有的外形,青、绿、红交辉的色彩增加了富丽的装饰风趣。

盛唐第45窟 莲上鹦鹉

五代第205窟　供养人刺绣衣领、袖口的纹样

唐代西方净土变中的"极乐世界"场面也点缀了不少生动活泼的动物，如孔雀、鹭鸶鸟、极乐鸟、鸳鸯等都穿插在亭台楼阁或伎乐人舞蹈奏乐的场面中，更增添了极乐世界中和平、美好的气氛。

另外一种动物装饰是作为适合的图案，被安排在单独的莲花之中，如唐第361窟的"雁纹图案"。它是窟顶华盖中的装饰，是一种受古代波斯萨珊时代装饰影响的图案，在莲花的中心安置侧立相对的衔花串的雁鸟，雁鸟身青绿色，外圈绕以白色的联珠，底色为红、白、黑相间，与青绿色形成明快的对照。

在服饰装饰中也能找到大量生动、有趣的适合于服饰的动物,如供养人披带上装点的彩凤、飞雁、鸳鸯、小鹿等,从另一侧面反映了古代人民在美化生活中所追求的美好形式与内容。

总而言之,从敦煌壁画中反映出的历代动物不仅具有明显的时代风格,而且来自生活、高于生活,成了敦煌艺术中不可忽视的组成部分。

西魏第249窟 野牛

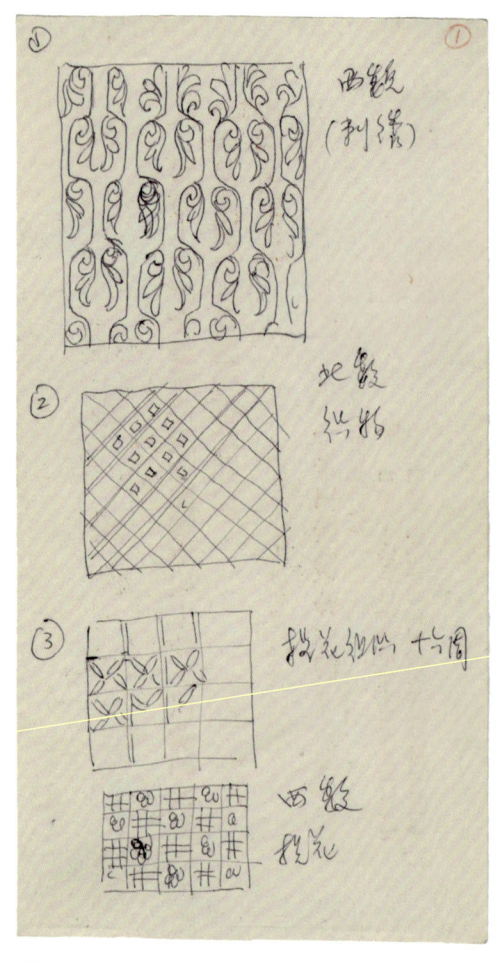

常沙娜手绘敦煌服饰图案的草稿

△ 坚陵 172窟 风景

远从绒变故事中搞出来的一幅小品山水画，别处在这时期整子中还没有发展独立存在的山水画。但是这幅画构图与画中也能表现出有些山的情趣，数笔就表现了生远反这位造形效果。

造型与空间的处理极为简逸。

△ 北魏 249窟 野牛

这窟顶上狩猎图的局部，野牛用苦叶枝着，数几笔洗练的残笔把野牛描绘得生动活泼。反映了画象对狩猎生活的熟识和体会。想很西也给我们一种中国画线条气韵生动的感觉。

常沙娜笔记本中的手稿之一

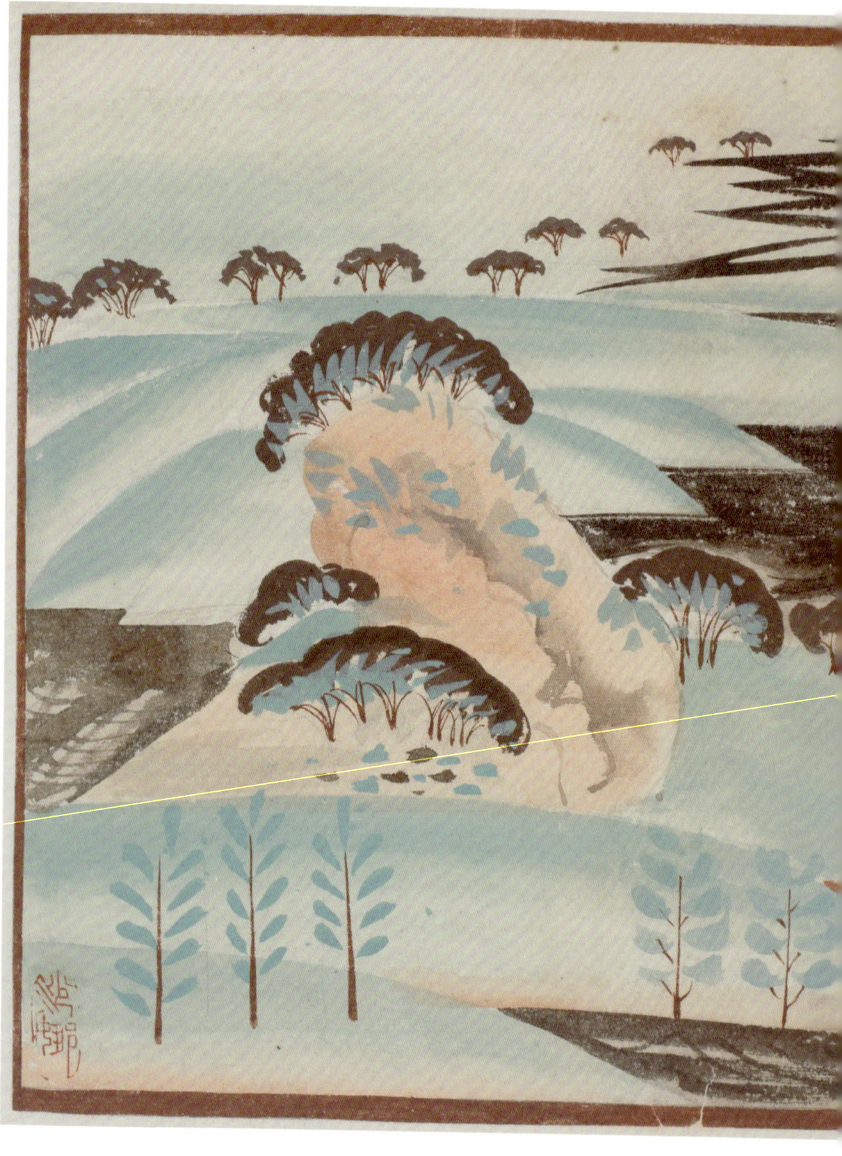

盛唐第 172 窟 风景

△ 晚唐 150窟 "张议潮统军收复河西图"

张议潮是晚唐时收复敦煌收复河西的将军，当时被皇帝封为义军节度使。这幅画记载了张议潮统军收复河西的场面。前面画着骑乐仪仗手执宝角和旗号，接着还有一队军乐，中间画着文角时敌潮骑着红棕马，他的后面有族子弟一群飞走一些手捧一些行军战士，持弓执箭追逐野兽大。会画以人字为主，生动地刻画了收复河西凯旋的行列。

△ 盛唐 220窟 伎乐舞踊

从这幅气氛、局部万象可以听到的军乐。舞踊人 感觉双池军乐队中央居然地舞踊，从她那周起长袖和飞旋的舞节和这动作，犹如亲到军踊节奏的旋律和管弦乐队维妙维肖的乐曲。

常沙娜笔记本中的手稿之二

唐洞窟不详　舞人

五代第98窟 伎乐人

彩塑：

早期特征——鼻梁高隆直至额际。
（北魏）
　　眉长眼殷．唇薄腮丰．诸脸形至今
　　有为密集红装饰状衣纹．徐之以
　　薄纱造体谓"曹衣出水"．衣纹
　　塑出中稍有捏饱至手法。

隋——人物造型——躯米大．偶扎．腿短．
唐代菩萨像有立．有迦坐．有跪．
　　身体似側．段的身躯．面相丰腴．肌肤细腻
　　双手纤巧．而足丰军．身饰璎珞．处之显得高贵
　　饮怀着．菩萨为如此此绝．五宫三台味世俗抛
　　离的表情．

（签名）

6
敦煌石窟艺术在各个历史时期的发展

北魏

这个时期的壁画以千佛、佛传故事、本生故事为主,沿袭汉画的传统,糅合印度和中亚、西亚的艺术风采,最终形成了中国的佛教艺术。反映在壁画故事中,除了大量地描绘"舍身行善""轮回果报"的佛本生故事的佛教教义,还描绘了人们所熟悉的神话故事,如与佛教无关系的伏羲、女娲、雷公、电母、东王公、西王母等。这些都是在东汉画像石上常看到的神话故事中的形象。

佛教的始祖释迦牟尼，原来生活在古代印度北部的一个小国迦毗罗卫，是净饭王太子。据传太子看到人生"生、老、病、死"诸苦而脱俗出家修身成佛，印度佛教徒又把民间流传的寓言和神话都编成释迦牟尼生前的事迹。释迦牟尼在人们的心目中成了善良的象征，这种象征常以不同的名称和形式出现。

北魏第 435 窟　胁侍菩萨

胁侍菩萨姿态优美，身型修长，头戴三珠宝冠。瘦削的脸庞、纤细的肢体和层叠的衣裙、帔巾，体现了敦煌莫高窟早期壁画人物造型的典型风格。人物肌肤的渲染使用了由西域传入的叠染技法，即用肤色遍涂人体，再用深色沿肌肤边缘及面部的眼、鼻、耳轮廓处叠绘深浅以显立体感，最后于眼、鼻梁等高隆部位，以白色笔触为高光，突出立体的装饰性。因浓淡不同的颜料需加白粉调制，年久日深，肤色中混合的铅白、铅丹色变灰或变黑，形成了现在这种黑色轮廓、棕色肌肤的人物形象。

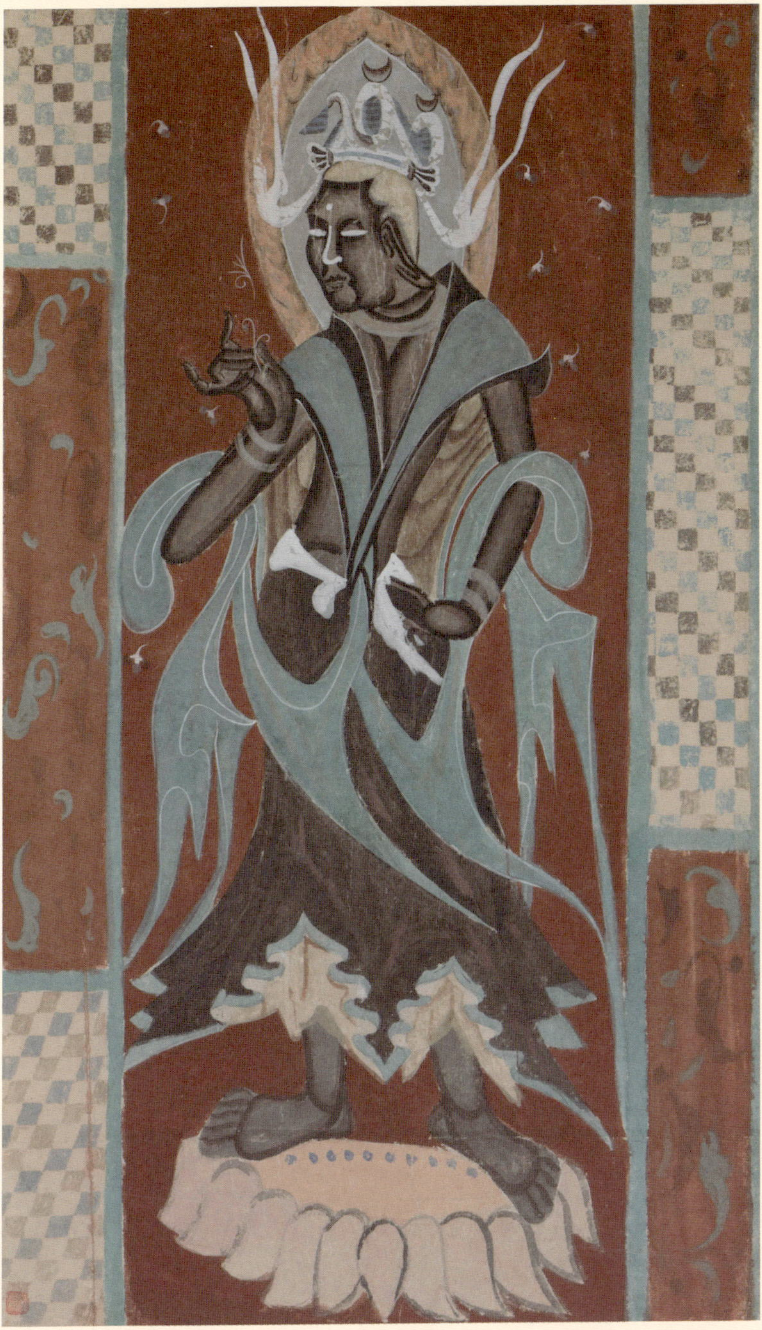

北魏第 435 窟　天宫伎乐人

敦煌莫高窟早期的石窟壁画格局具有特殊的形式，即在四壁高处绘有天宫伎乐环通全窟，较大面积绘有整齐重复的千佛，重要部位则绘本生故事和因缘故事等重要主题，窟内下部是金刚力士，寓意天、人、地三界。

这几幅摹本表现的便是环窟壁上部的天宫伎乐人，它们姿态各异，形象生动。有的裸上身，有的身着右袒袈裟、帔巾、腰裙，有的吹起海螺和长笛，有的演奏曲颈琵琶、箜篌和腰鼓，有的正在翩翩起舞。伎乐人之间以中国式楼阁建筑和印度穹形建筑为间隔，前有平台雕栏，形成了充满节奏和韵律的装饰画面。

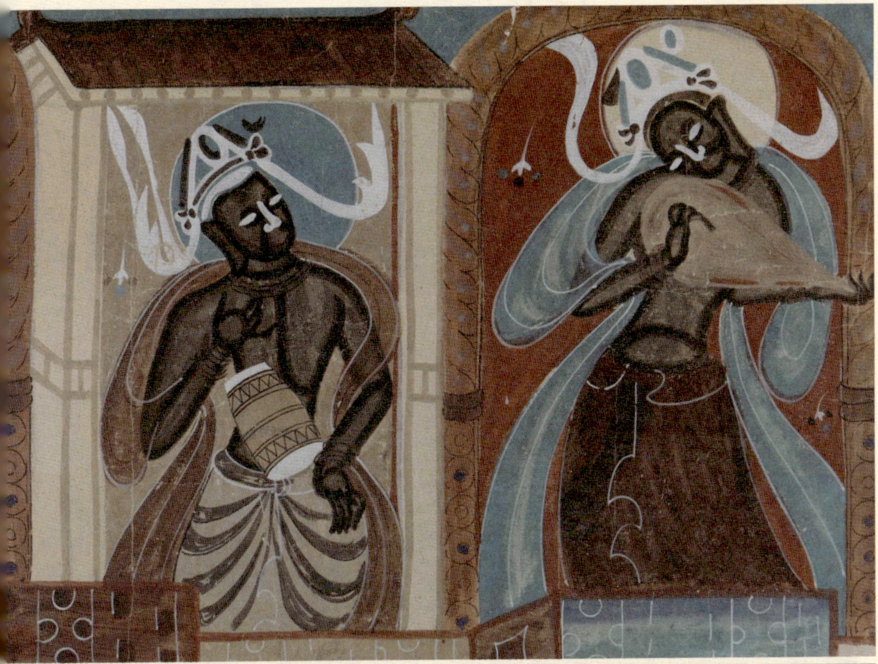
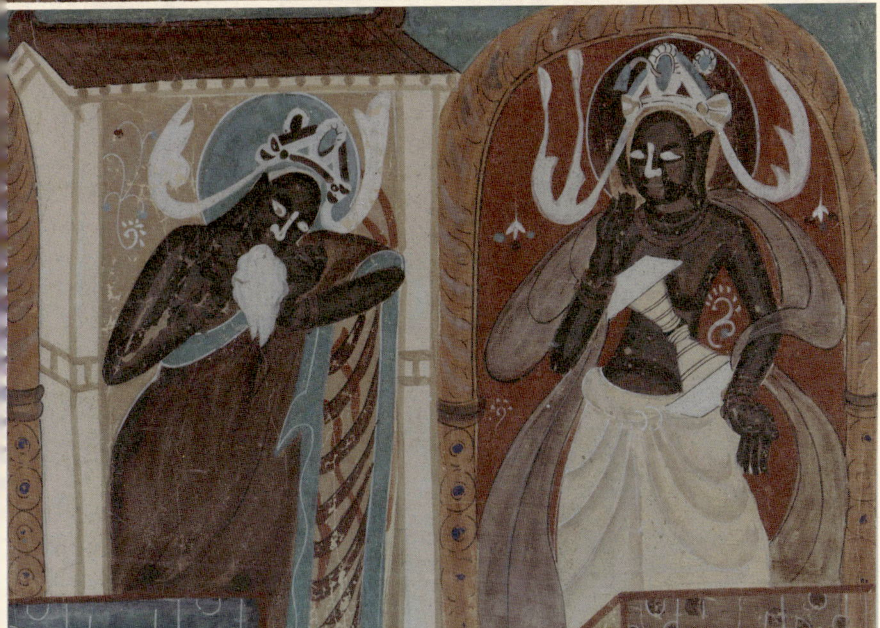

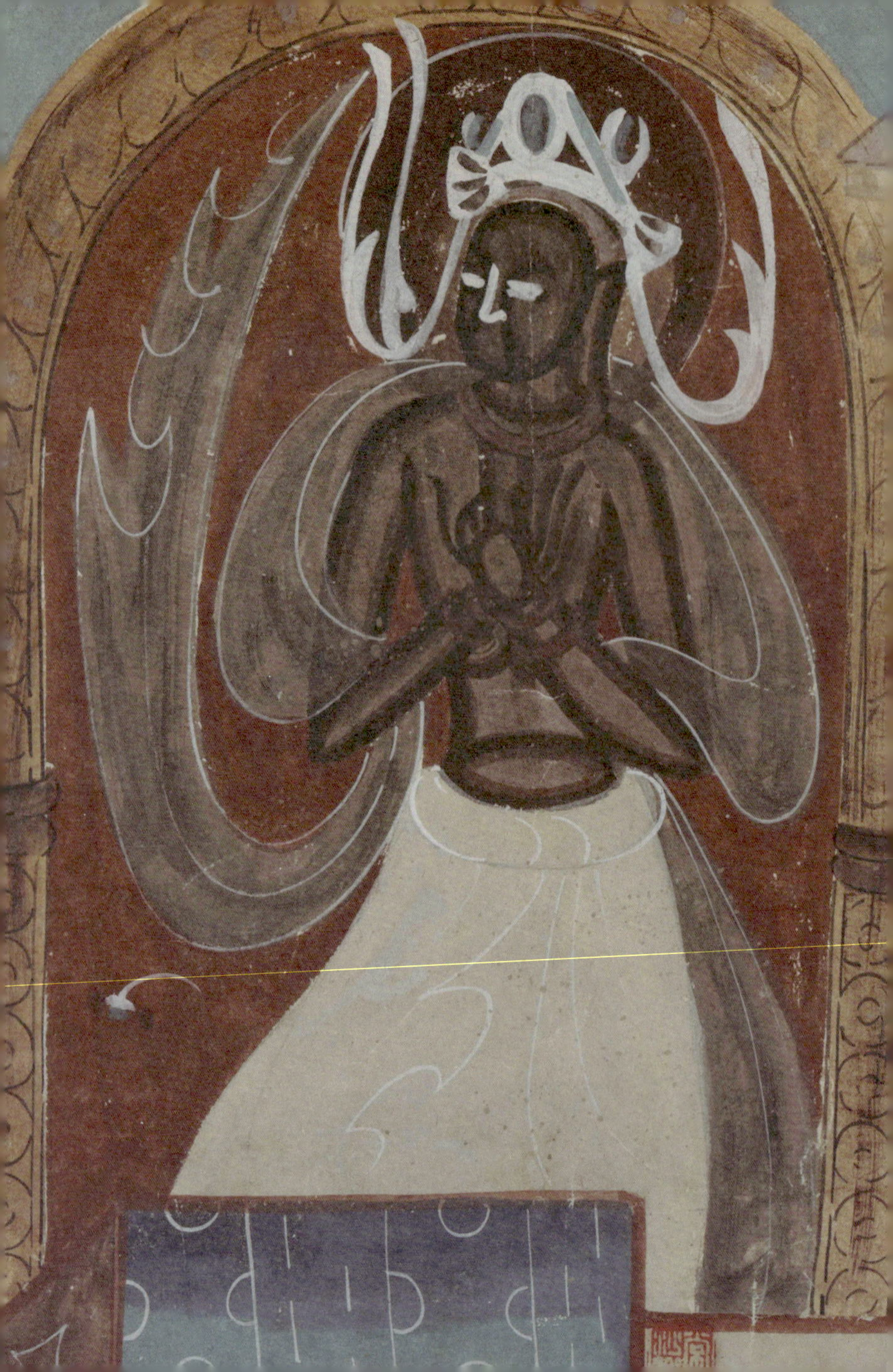

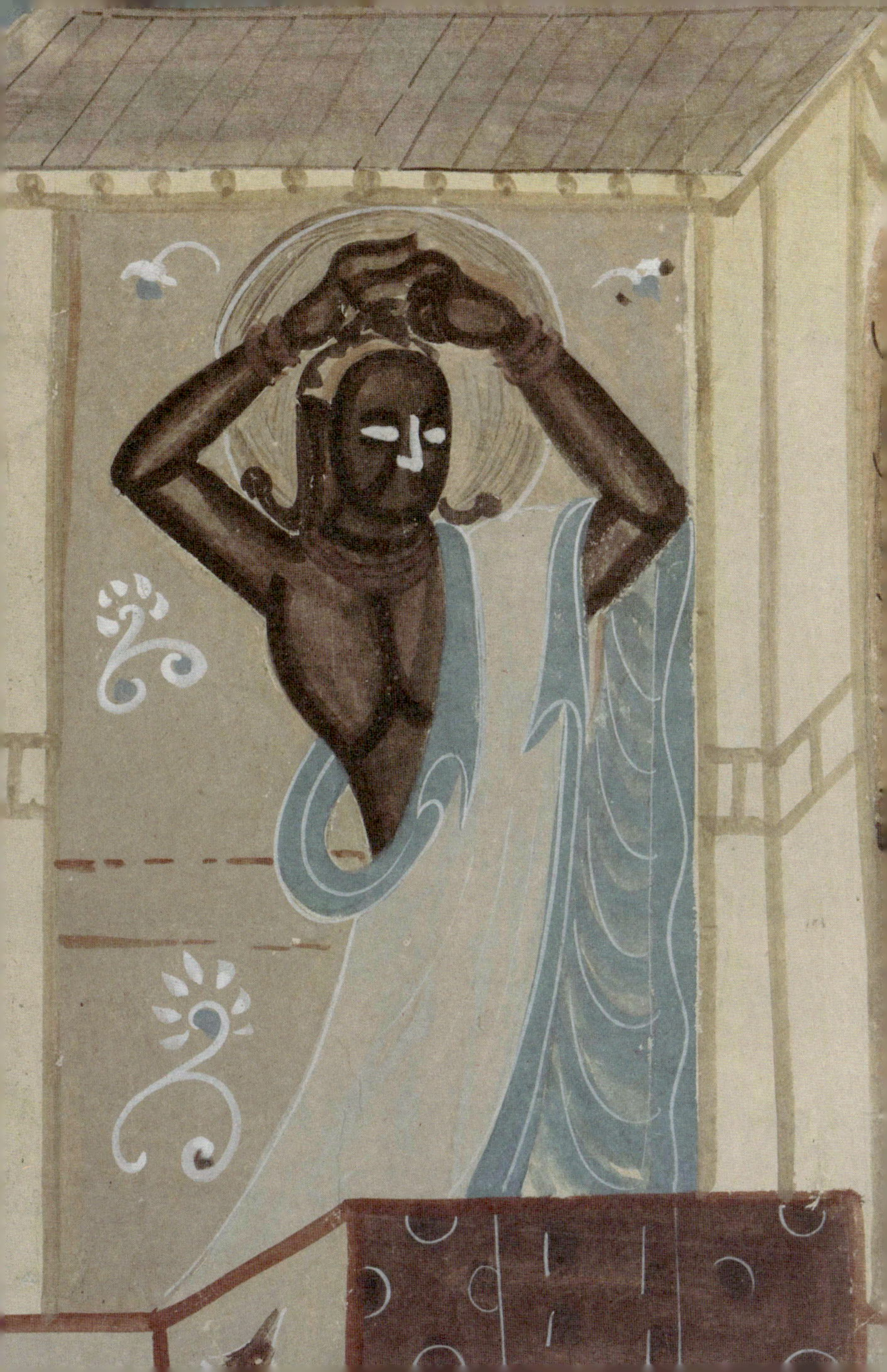

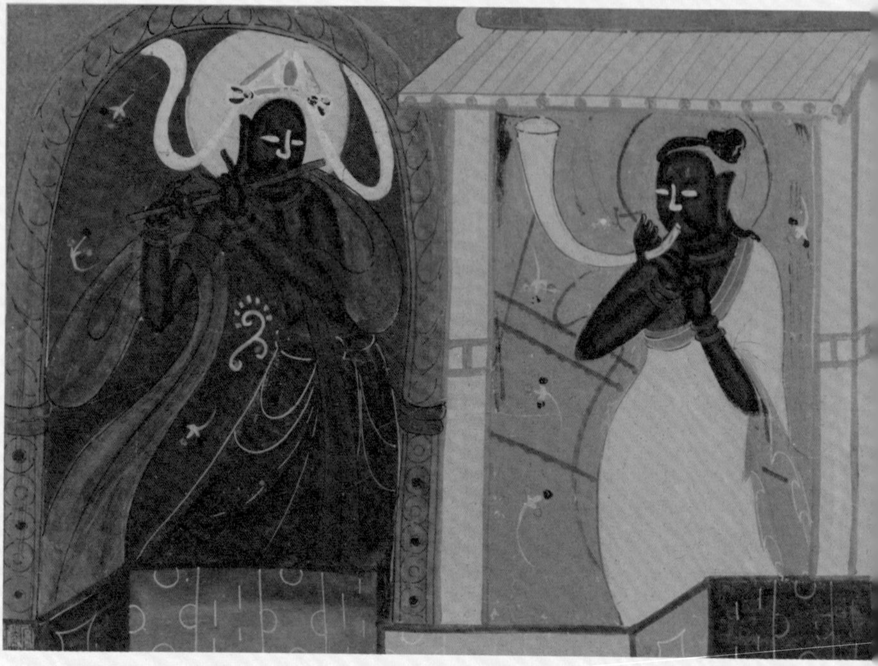

这个时代的代表作品是北魏第254窟的"萨埵那太子本生"故事——"舍身饲虎"。

故事被压缩在一个独幅画面上，主题十分鲜明突出。在这里，打破了时间和空间的限制，人物反复出现，使情节逐步深化。从三王子出游，路遇饿虎，三王子以木刺项出血，投身饲虎，以至二王子发现弟弟的尸骨悲哭，父母赶来捡骨起塔等场面，都严密地组织在一个画面上。在色彩的运用上，以深棕为主调，错综着青绿、灰黑、白等色，形成严肃、沉重、凄厉的气氛，但并不恐怖。主题突出，人物形象优美。

另一代表作品是北凉第275窟的"尸毗王本生"故事。

鸽子被鹰所逐,鸽子飞到尸毗王前求救。鹰追至殿前,向尸毗王索取鸽子。尸毗王说:"我誓愿善渡一切,它既来求我,便不能给你。"鹰说:"若断了我的食,我就要饿死。大王既要善渡一切,为什么不渡我?"尸毗王一听,这话也对。鹰也是一条生命,不能让它饿死。救一命,不能又害一命。左思右想,没有别的办法,除非割自己的肉来喂它。鹰就说:"大王,你是施主,对一切都平等看待,如你要以己肉换鸽命,我只要求和鸽子一样重的肉就行了。"

尸毗王就拿秤来，秤盘上一端是鸽子，一端就放自己所割的肉。说也奇怪，尸毗王把自己的肉都割尽了还没有小鸽子重。于是，尸毗王以自己全身登上秤盘。这时，大地震动，鹰和鸽子都不见了。原来，他们是帝释天所化，特来试探他的。尸毗王也身体平复，倍胜于前，"尸毗王者，乃今佛身是也"。

这个故事在单幅画面中，强调了尸毗王割肉和用天平称鸽重的情形，主题一目了然。构图上，它是明快而大胆的。画中尸毗王忍痛牺牲的镇定姿态是很优美的，和刽子手割肉的一副凶相，形成鲜明的对照。

还有一幅代表作品是北魏第 257 窟的"鹿王本生"故事。

这幅壁画的形式就如武梁祠的汉画像石的横幅构图，这是我们传统的习惯形式。这幅故事画按照内容的展开分段来描述，让人物在其间活动，所点缀的峰峦树石就作为天然的屏隔。每一段都加签题，说明故事情节。故事较长的就分几段来处理，做"之"字形的连续。

"鹿王本生"故事的内容是说一头名叫"修丸"的鹿王，毛具九色，真是罕有的美丽。一日，鹿王在江边游戏，看见有人落水，呼天求救。鹿王心地善良，便泅水过去救起溺水人。那人得救甚喜，叩头谢鹿。鹿嘱其勿对任何人说起曾看到自己，那人指天发誓。

这时，统治此地的国王名叫"摩因光"，是个忠厚长者，而王后"和致"是个贪得无厌的女人。她梦见鹿王毛分九色、角如明犀，便想取鹿皮为衣、取鹿角为珥。她要挟国王："如果不得到它，我将活不成。"国王无奈，只得布告全国："若能获得九色鹿者，官封一县之长，并以满钵金银为赐。"

北魏第257窟 九色鹿

那溺水人看到布告寻思："我若告发九色鹿所在，可当县令，金银满钵，终生受用不尽。"于是就跑到宫中向国王告发。因他忘恩负义，做了恶事，立即就全身生癞、口发恶臭。此时，鹿王正酣睡，不知国王前来捉它。鹿的好友小鸟看事情不妙，把它啄醒。这时国王已弯弓相向了，国王身旁站着那忘恩负义的人。在这千钧一发之时，鹿在国王面前说起话来，把自己如何救起溺水人的前因后果尽相告之。国王听了不胜惊叹，便放了鹿王，并通令全国，此后任何人不得伤害鹿王。王后听到国王把九色鹿放了，就惊惧心碎而死。

故事是从左右两端开始，情节集中在"王与鹿相对"的画面上。这样便把故事发展的高潮放到最引人注目的位置上。

北魏时期的壁画主要是本生故事。除此之外，经变故事不多，只有降魔变和涅槃变，形式也较简单。

北魏时期第254窟的"降魔变"，它的画面处理是把释迦牟尼安置在中央，魔王波旬穿着胡服站在他的身旁，魔王身侧是魔子和三个叫欲能、能悦人、可爱乐的美女。她们做出种种媚态来诱惑释迦牟尼，破坏他的修习。画面上方、左右都是魔众手执兵器、张牙舞爪地向释迦牟尼进行恫吓威胁，而释迦牟尼稳如泰山——既不为美色所动，也不为威力所惧。于是魔王技穷，大地震动，魔王昏倒在释迦牟尼座前，而三美女则变成了老妪。

北魏第248窟　供养菩萨

供养人即出资造窟主。他们是现实世界的人物，也被绘在壁画中。为把自己寄托到佛教的"轮回"信仰里，在佛国的一角就出现了现实世界许愿的人物。画上自己和亡故祖先的形象，这就是所谓的"供养人"。

北魏的供养人，位置在说法图和本生故事的下方，画得比较小。男女分列，男的大都穿裙裤，后面有侍从人物；女的大都宽衣大袖、腰肢很细，身体向前倾斜。供养人面型瘦削，正合顾恺之《论画》所说的"《小列女》面如恨，刻削为容仪"和《女史箴图》卷中的"秀骨清像"，体现了这个时代的共同风格。

北魏第257窟　供养菩萨

西魏第 285 窟　供养菩萨

值得特别提到的是西魏第 285 窟。285 窟是莫高窟重要洞窟之一，根据壁画中的发愿文题记来看，它修造于西魏大统四年（538 年），体现出传统风格的进一步发展，以及莫高窟与中原地区造像石窟的关系。这一部分壁画和北魏末年即 6 世纪初叶中原一代流行的佛教艺术有共同的风格特点。例如，菩萨和供养人像瘦削的脸型，厚重而带褶纹的汉族长袍，飘动的衣带，很像东晋顾恺之的《女史箴图》上的人物体式。

第285窟中主要表现了这样的内容：

1. **"得眼林"故事**——叙述五百强盗被官兵擒获，受剜眼刑后在山林号天叫地。佛以法力吹香药入五百强盗眼中，眼目顿得光明。强盗当即改恶向善，皈依佛法。故事全图即"放下屠刀，立地成佛"的宣传画。画面情节生动，线条刚劲有力，从中也可见到西魏时代的人物服饰、战马盔甲、建筑形式，在构图和色彩处理上都体现了高度的艺术技巧和风格，是一幅极为难得的杰出作品。

2. **伏羲女娲**——以中国古代传说中的伏羲、女娲、羽人等与佛教无关的人物为主题，装饰在藻井周围。右面是执规的伏羲，左面是执矩的女娲。他们配合运动着的星辰云气，构成行云流水的生动画面。

3. **苦修图**——描写苦修的修士在深山密林中静心禅修的情景。陪衬的山石树林中的野兽，在奔走、吃草、饮水，有老虎在追捕黄羊、大角羊等。这就巧妙地以动来衬托静，显出强烈的对比。这都是画师们从生活中通过深刻的观察展现的高度艺术概括，其表现形式与张彦远所说的 "水不容泛，人大于山"相一致。

西魏第 285 窟　苦修图

敦煌莫高窟西魏第 285 窟是一个保存完整的西魏代表窟,窟形为方形覆斗顶,壁画、彩塑都表现了止息妄念、明心见性的行法。窟顶四披下部绕窟一周围有深山林间连续的苦修图。图中以券形拱门表示禅窟,内有禅僧坐于莲座之上,多为裹衣结跏趺坐,闭目沉思。周围环以山峦林木、飞禽走兽。窟顶南披下部东端的禅僧,赤裸上身坐一束腰圆形坐具上,与众不同。这种高形坐具和垂足半裸的坐姿,是敦煌壁画描绘我国古代起居生活的珍贵资料。苦修图中还描绘了山间许多姿态各异、自然生动的动物形象,鸟兽的奔飞与禅窟内参禅入定的静穆形成了动与静的强烈对比。

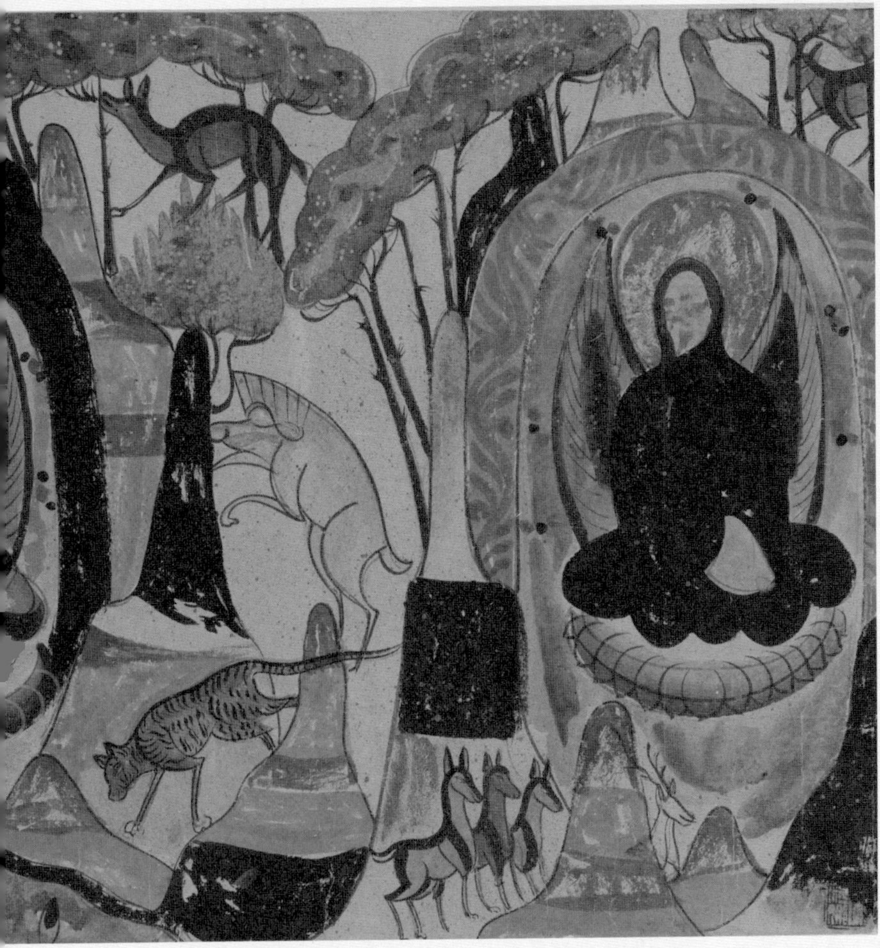

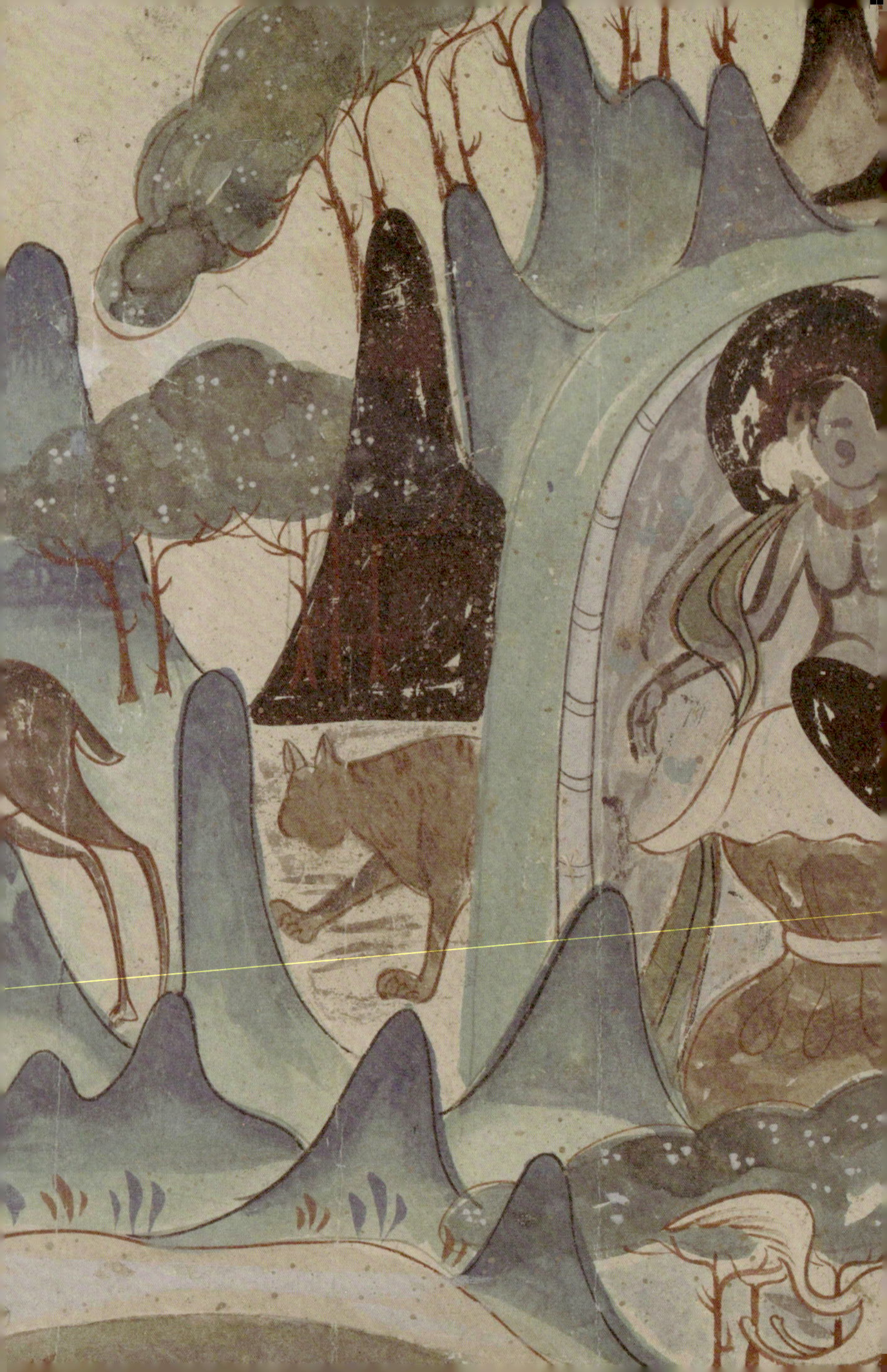

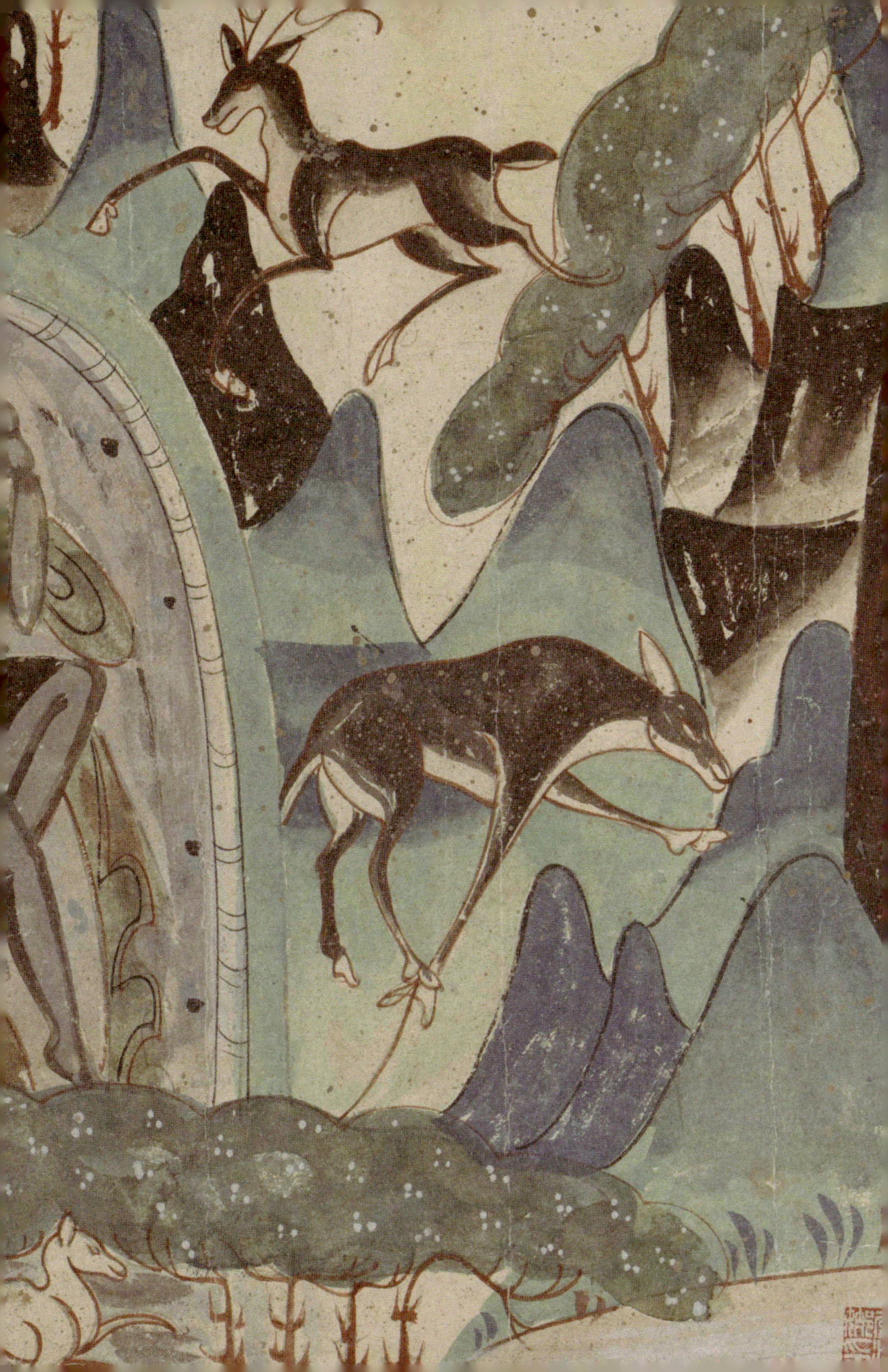

西魏第285窟　五百强盗成佛图

敦煌莫高窟第285窟是早期洞窟中唯一有纪年题记的洞窟。该窟窟形为方形覆斗顶，窟内壁画以《五百强盗成佛图》最具代表。北魏汉化改制给佛教绘画带来多方面的影响。人物形象方面，由此前的"秀骨清像"逐步过渡到"褒衣博带"；空间表现方面，出现对山水场景的着意描绘。花草树木、飞禽走兽及神话与传统的佛陀、菩萨、飞天等宗教人物共聚一窟，在止息妄念以明心见性的行法中，又常见世俗世界的丰富多彩。1952年，常书鸿领导的敦煌文物研究所开始对莫高窟进行整窟原大原色的临摹工作，首选即为第285窟，可见该窟在敦煌众窟中的重要地位。

《五百强盗成佛图》又称《得眼林故事图》，是敦煌莫高窟西魏时期因缘故事画的代表作。壁画依据《大般涅槃经·梵行品》绘制，采用横卷式的表现形式，在浅色底上按时间顺序表现故事内容：因五百强盗抢劫作乱，国王派军征剿，经过激烈的战斗，群盗被俘而受剜眼酷刑。双目失明的五百强盗被放逐山林，佛以神通的行善说法使他们悔过自新而复明，最终皈依佛法。画面以激烈的战斗为开端，最终归结为众人皈依参禅的平和场景，充满了戏剧性发展与冲突感。画面中以五人表示五百人，山石、建筑和树木接续故事情节，与人物的活动内容紧密穿插在一起，形成了这幅完整而生动的因缘故事画。

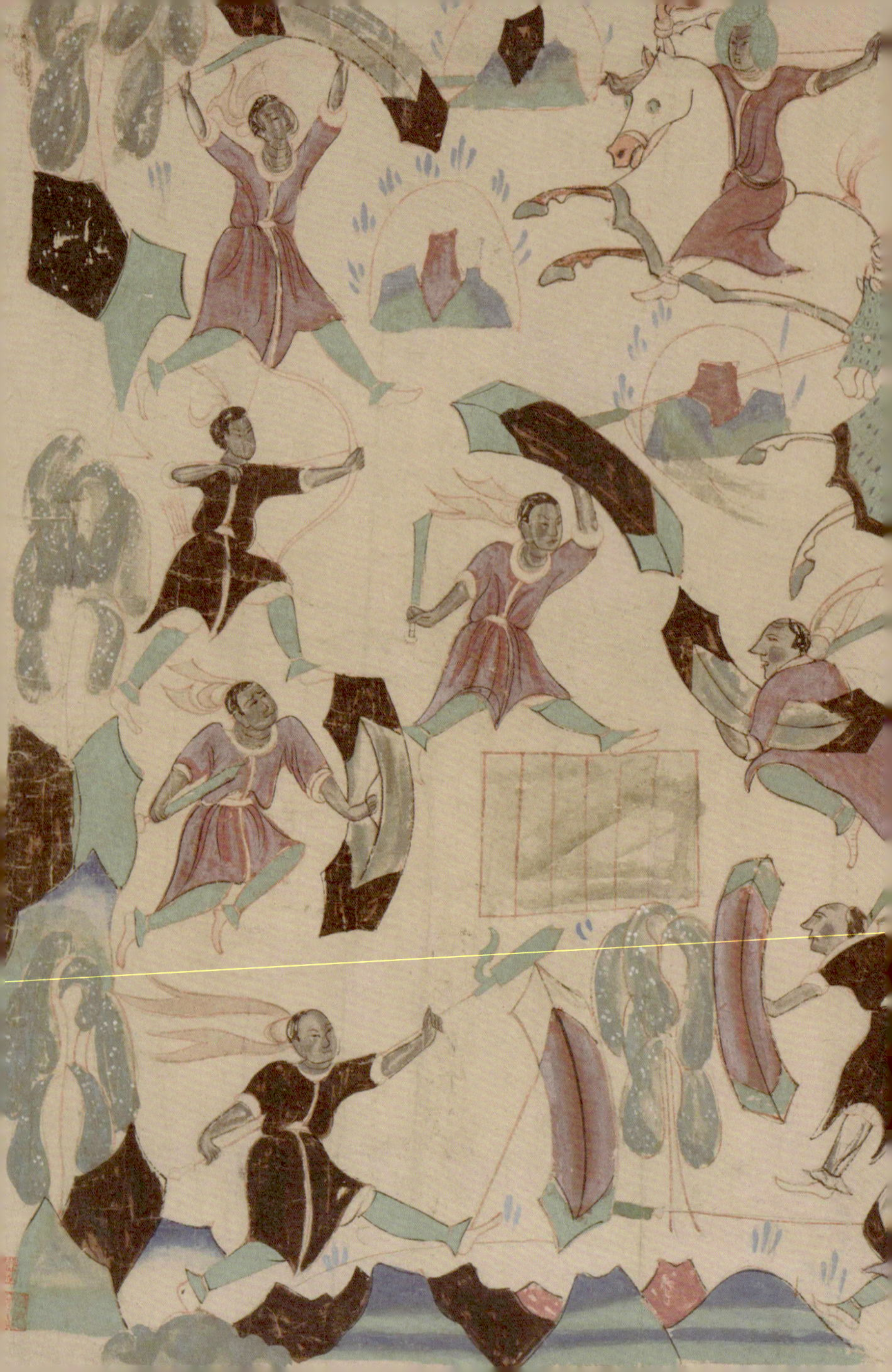

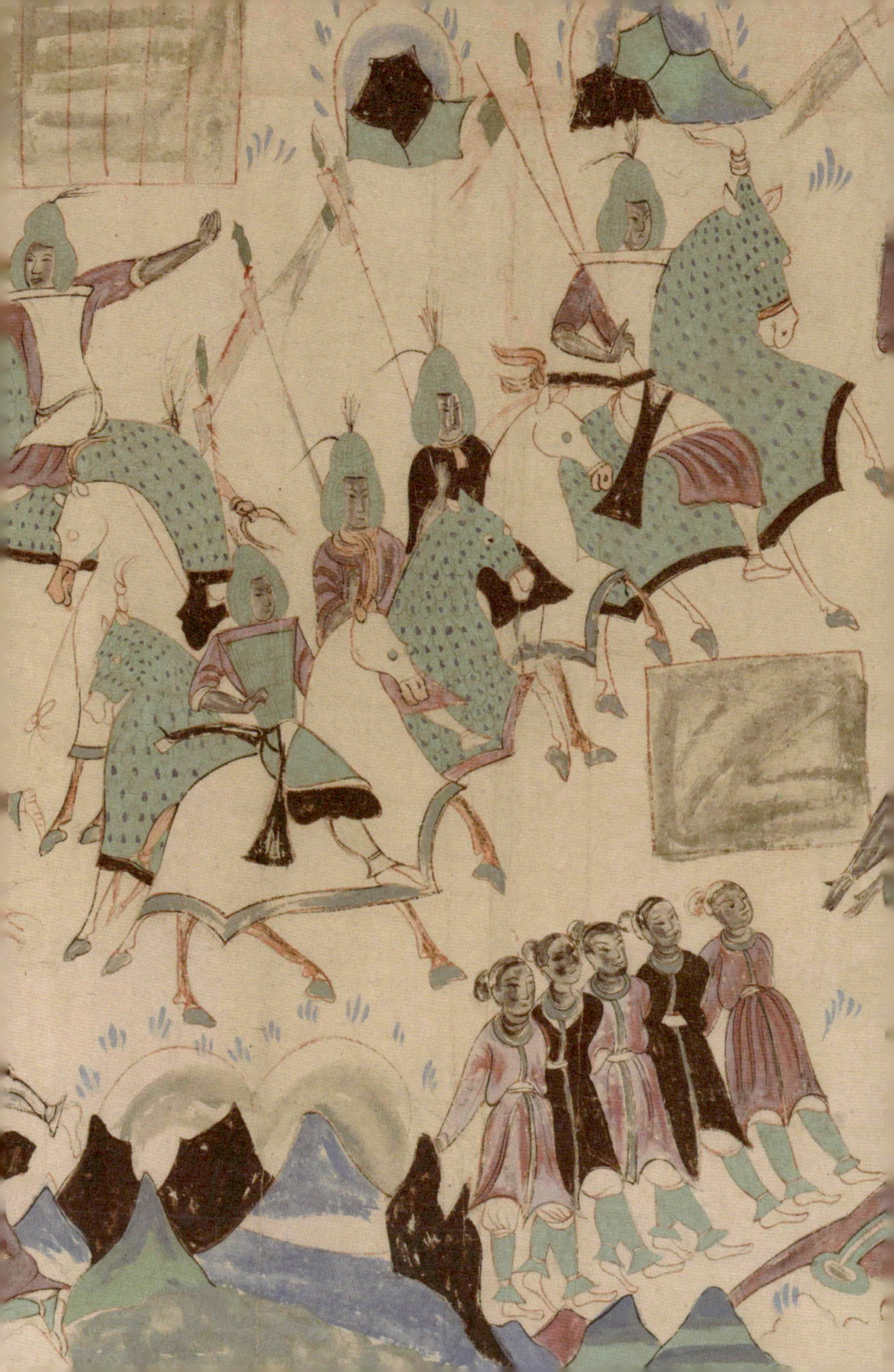

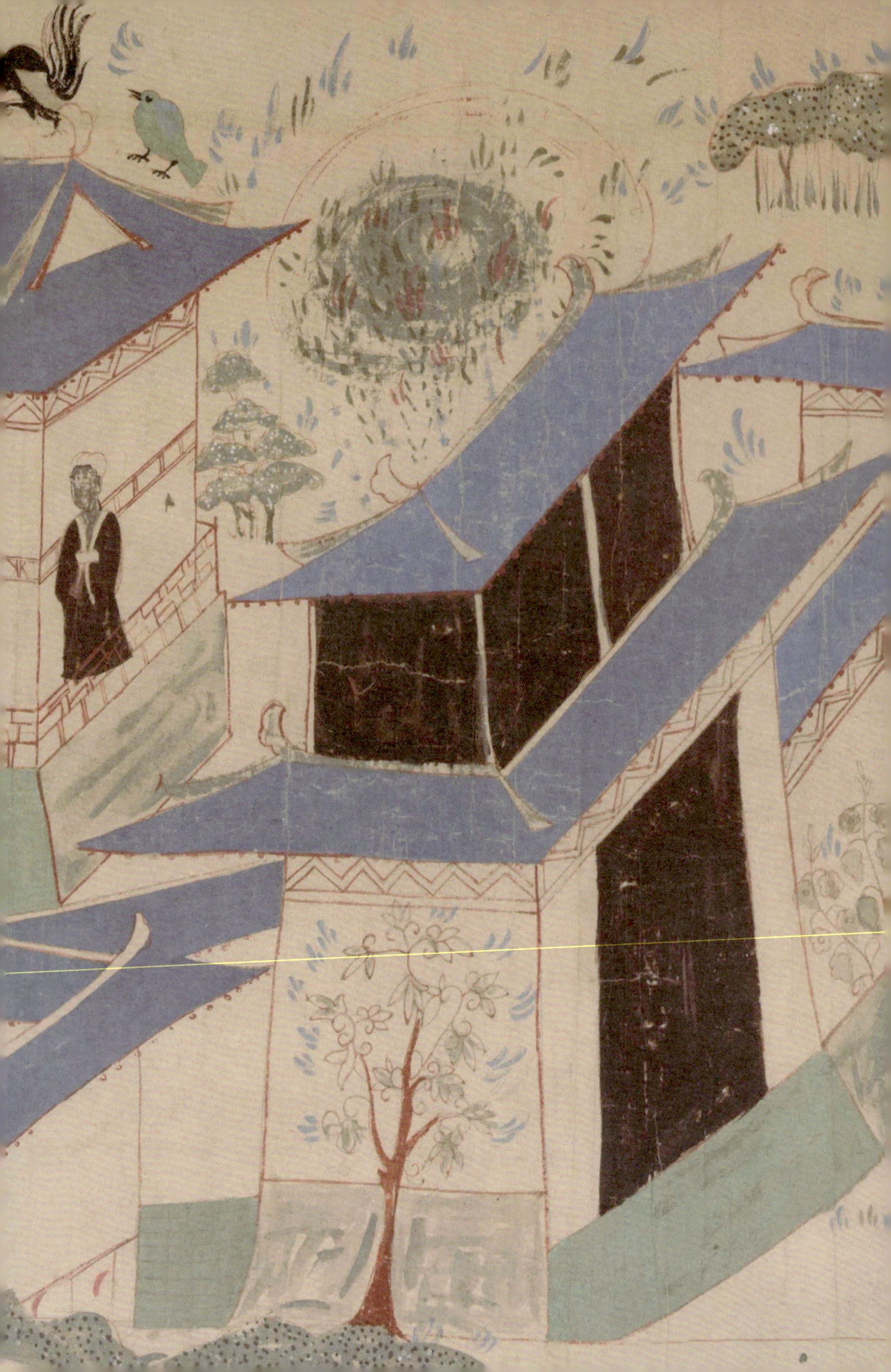

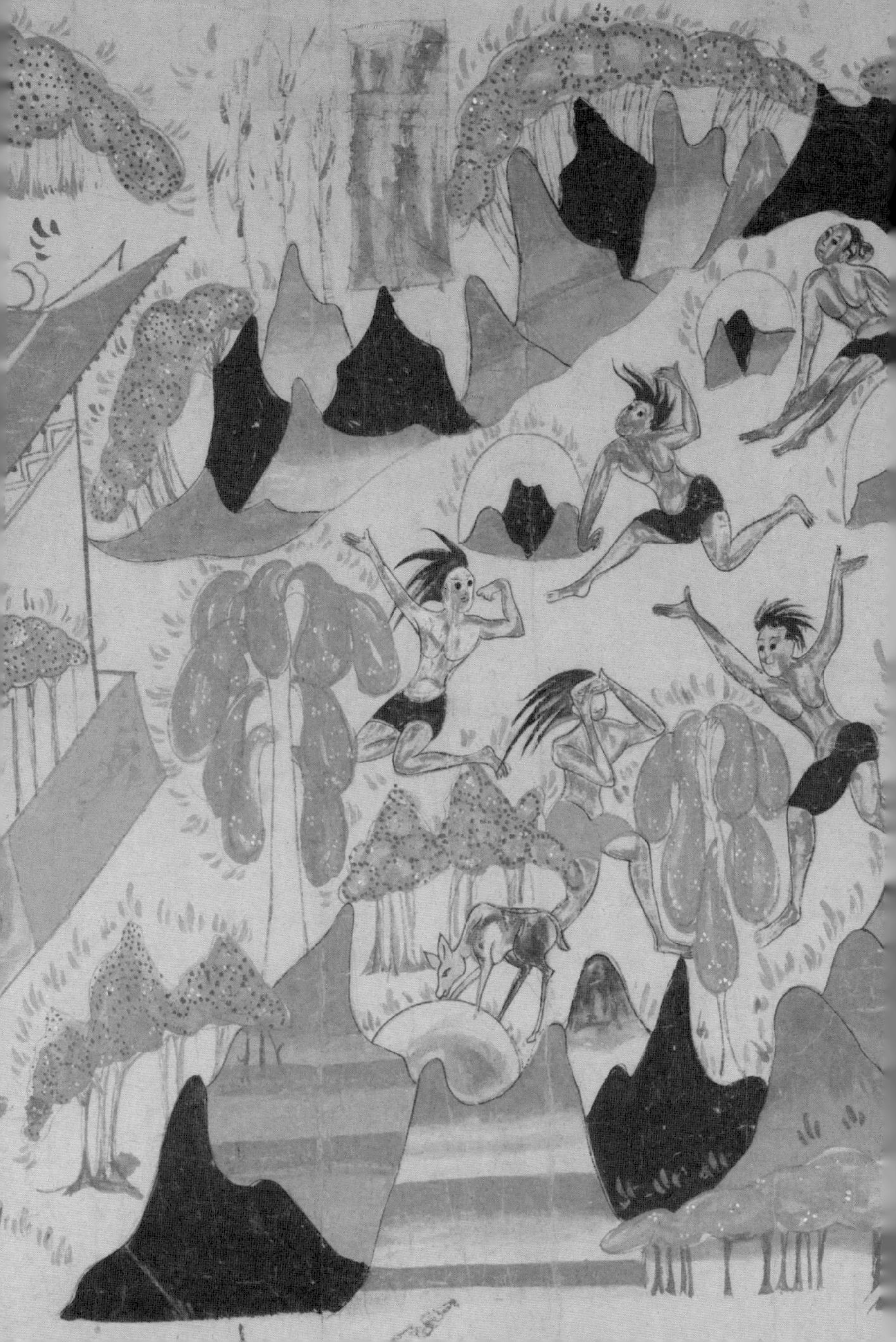

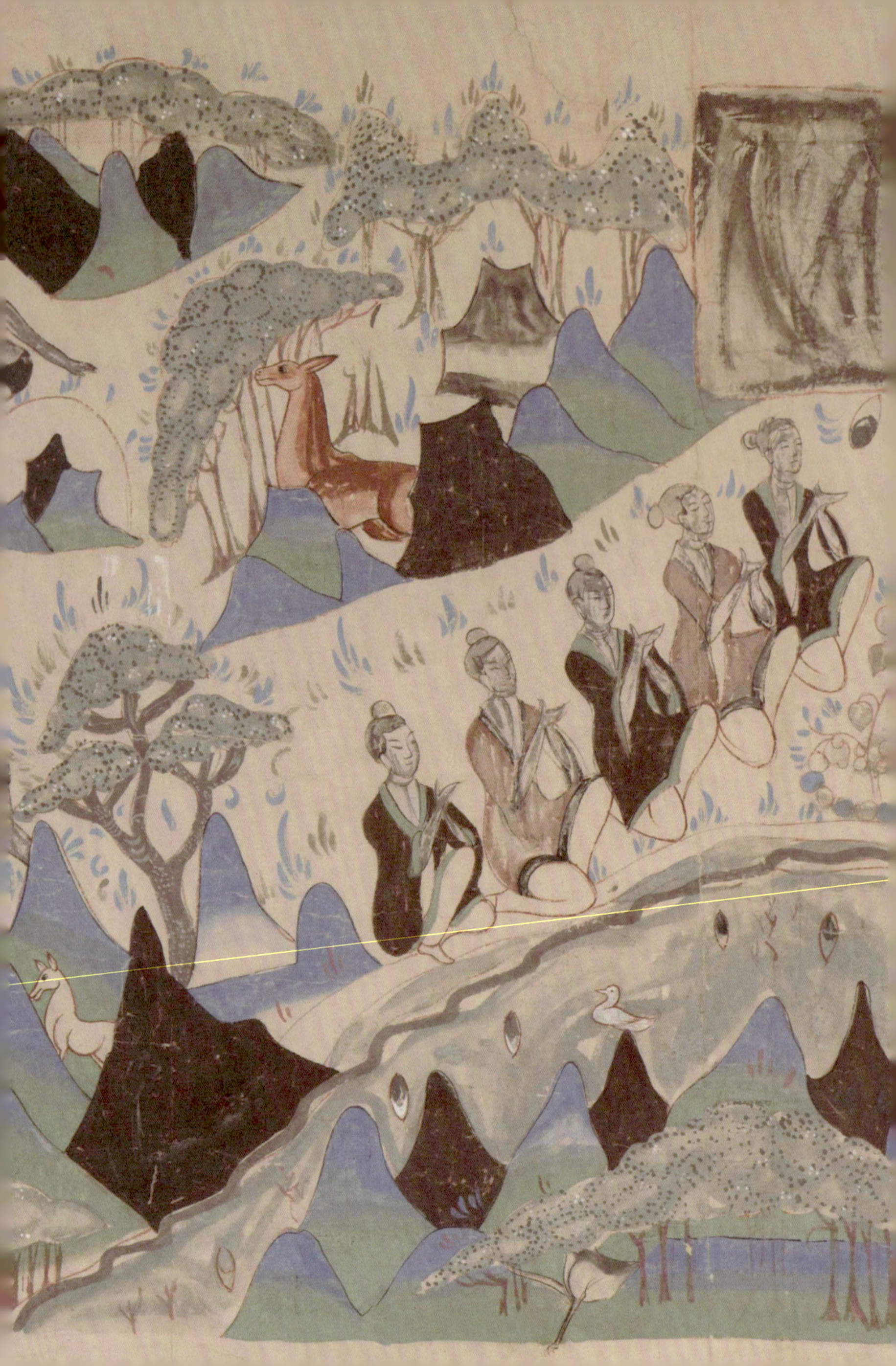

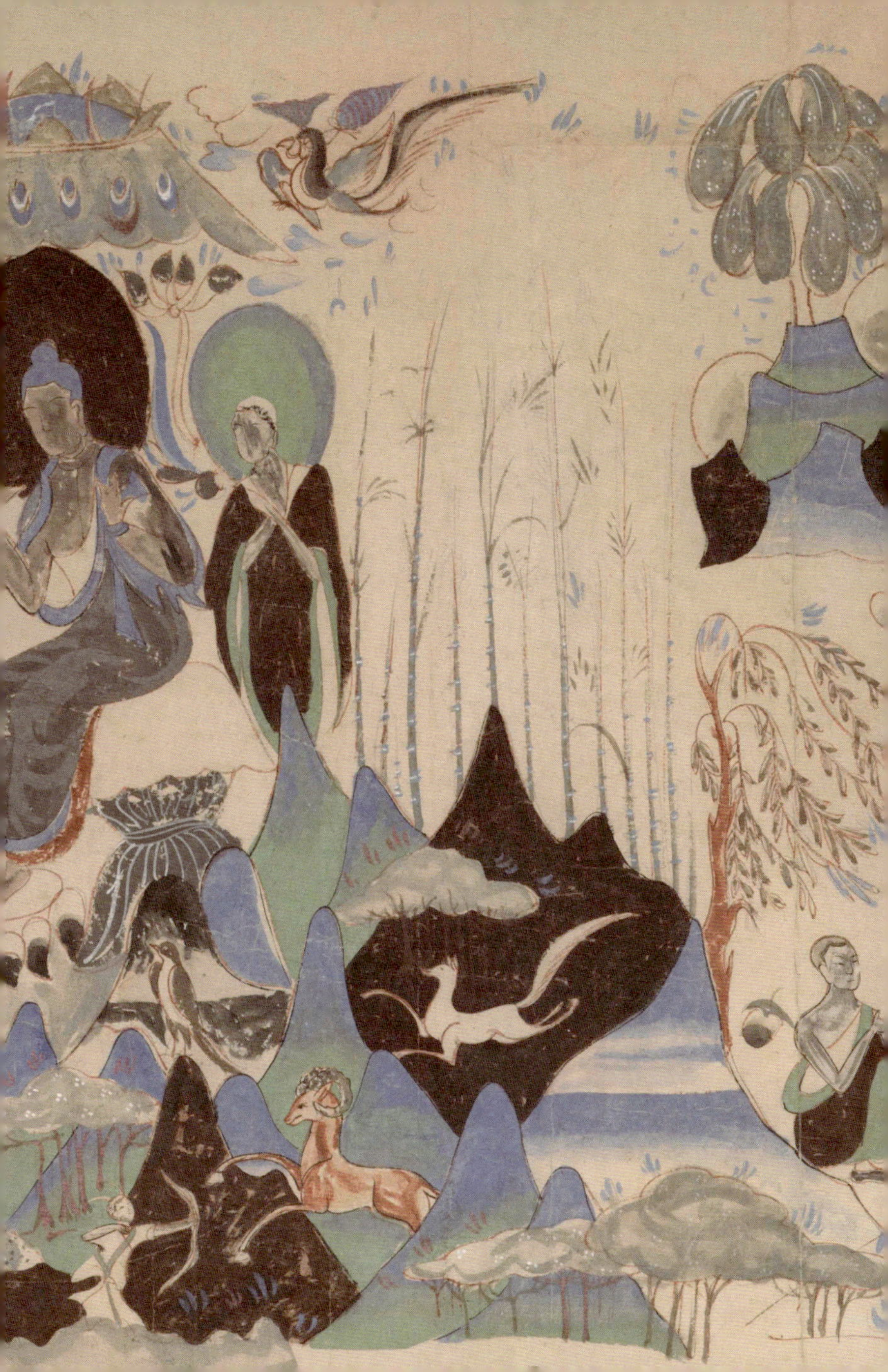

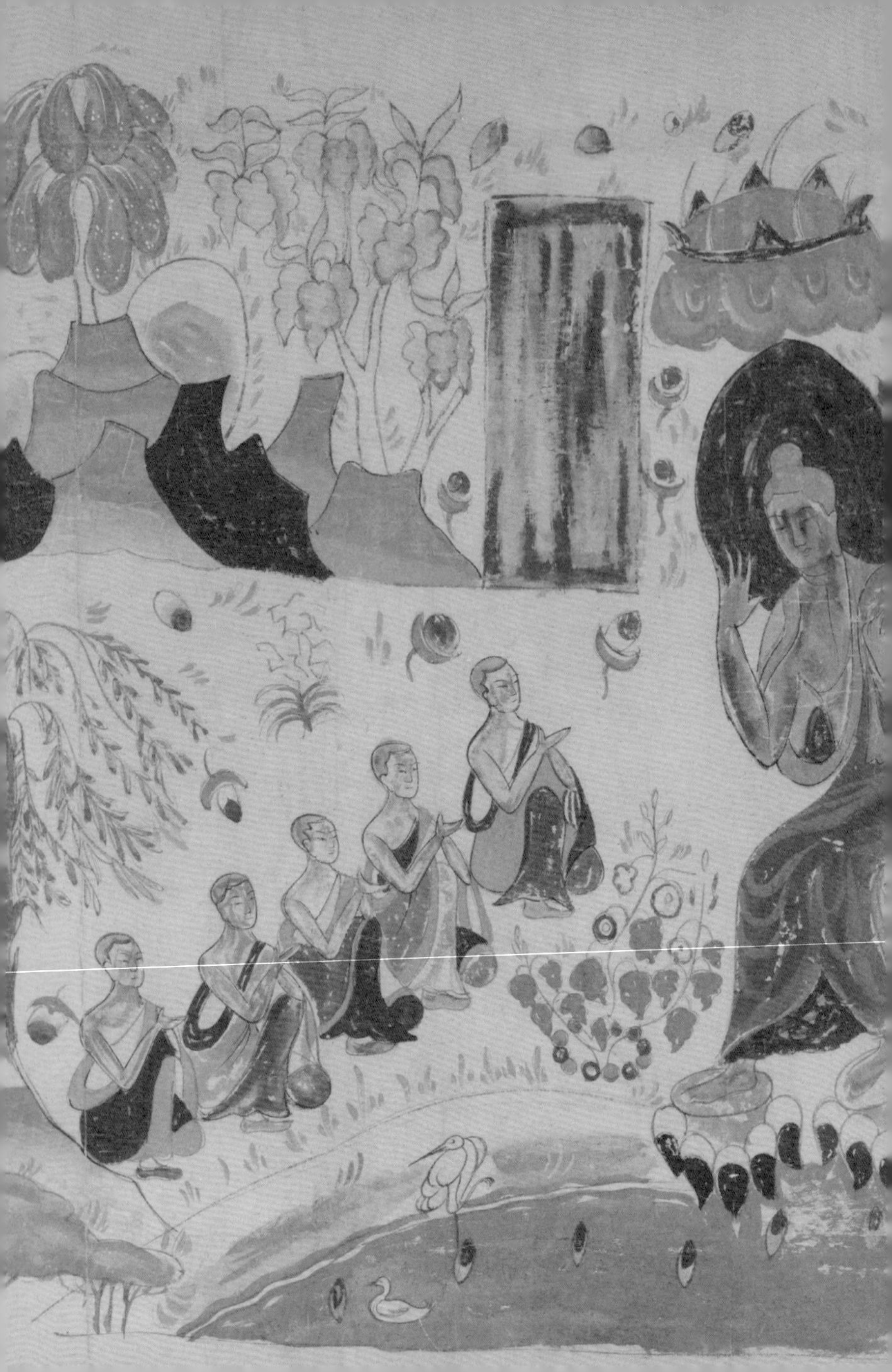

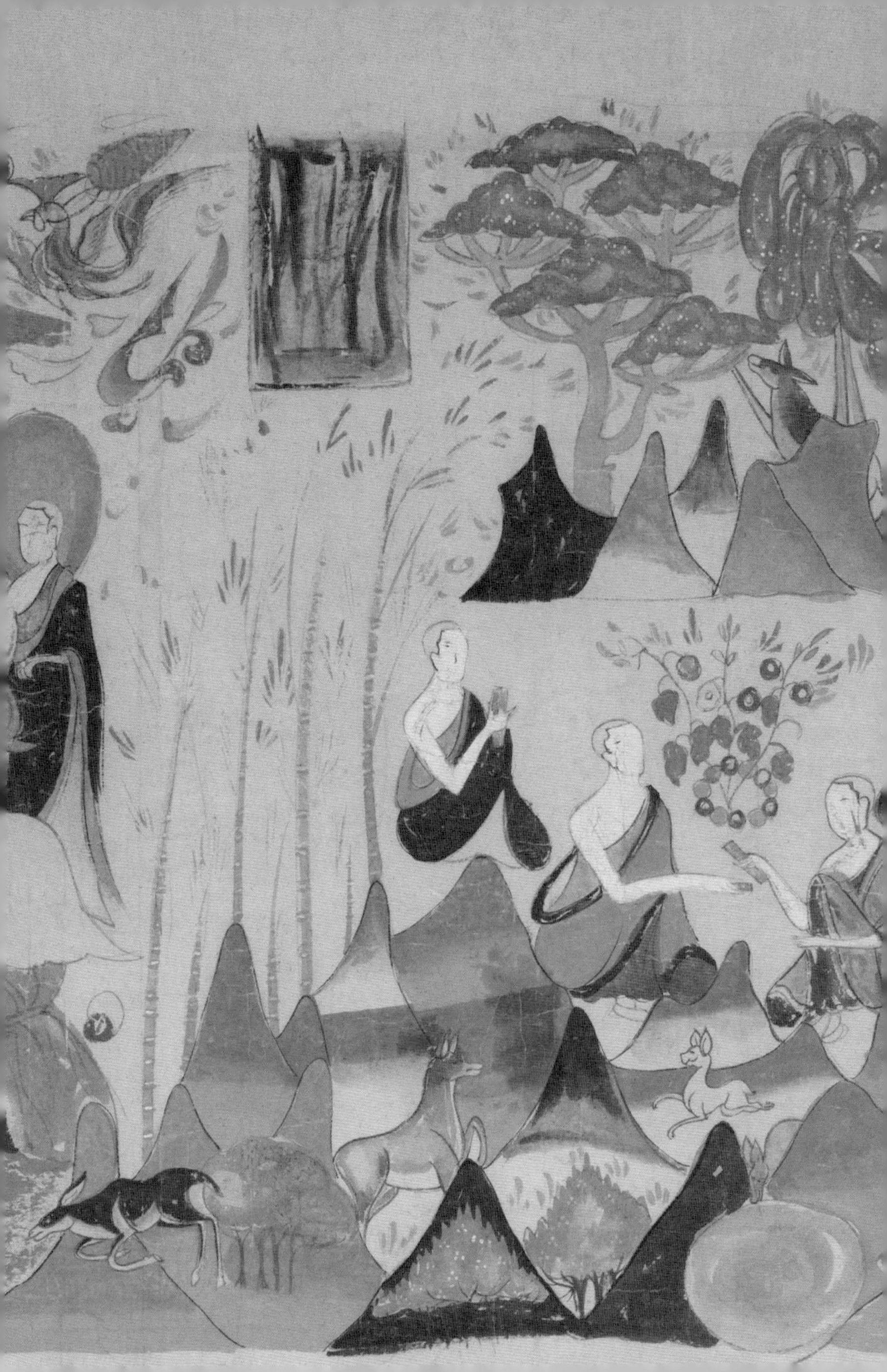

隋

这是莫高窟的第二个历史时期。

隋代这个一共才维持了37年的短命王朝,却在莫高窟开建了不少石窟,至今还给我们留存了100多个洞窟。其中也有少数是就原来的魏窟改修的,因此壁画下层往往剥落出魏画。

隋代壁画仍以本生故事为主,说法图逐渐为发展起来的经变图所代替,单身菩萨逐渐加多。隋代的本生故事仍以"萨埵那投身饲虎"和佛传故事为主,但是已不采取单幅画的形式,而是完全以横列的手卷式连环画出现,位置也多半被绘在窟顶四周。故事分段更细,线条勾勒生动流畅,更具有民族的风格,表现也更为繁复。

菩萨的世俗化是它在艺术上能够动人的主要原因，这个世俗化在莫高窟可以说是开始于隋代。

隋代的藻井图案、人物及飞天服饰纹样中出现了受波斯风格影响的以对鸟、对兽为主题的圆形联珠纹图案。彩塑佛像的衣着装饰，其华丽程度是前所未有的。此时的视觉基调，除沿用前时代的石青、石绿、土红、土黄，还出现了朱砂、金箔相间的富丽色调及以白线、白点为点缀的装饰效果。

彩塑原是雕塑与彩绘的结合，可以说从隋代开始，才充分发挥了彩绘的妙用。

隋第 303 窟　伎乐飞天

伎乐飞天的内容和形式源于印度，随佛教传入中国。飞天飞翔在虚空的天界，散花歌舞，是佛教图像中的众神之一，也是佛教艺术造型中最有特色的装饰性题材。敦煌壁画中的伎乐飞天延续了 10 个朝代，数量众多，形式多样，表现了欢乐空灵的精神境界和雍容华贵的民族风格。

此画中的伎乐飞天源自隋代第 303 窟人字披顶东坡下沿。飞天束发戴冠，自由飞翔，热烈地演奏着筚篥、琵琶、横笛等乐器，衣裙飘带于空中轻盈地飞扬。伎乐飞天的前面饰以凹凸的天宫栏墙，在土红、土黄、白、青、绿等大块面的底色上再以白线或黑线勾画莲花及忍冬纹样，形成精巧的装饰效果，突出了隋代特有的艺术风格。

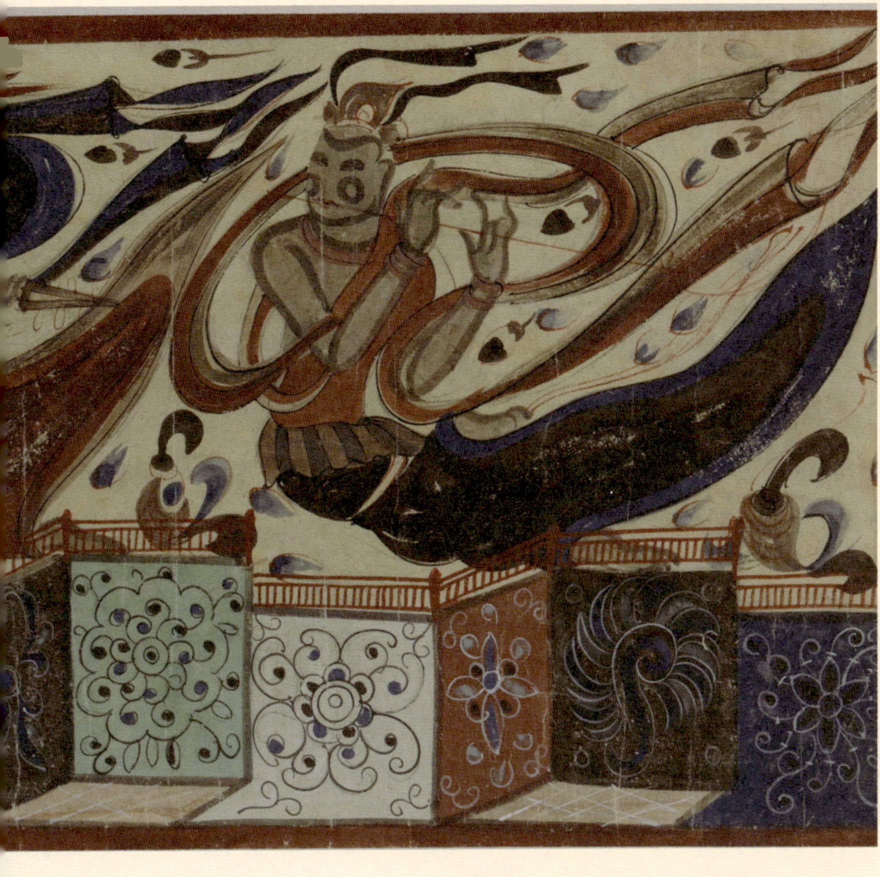

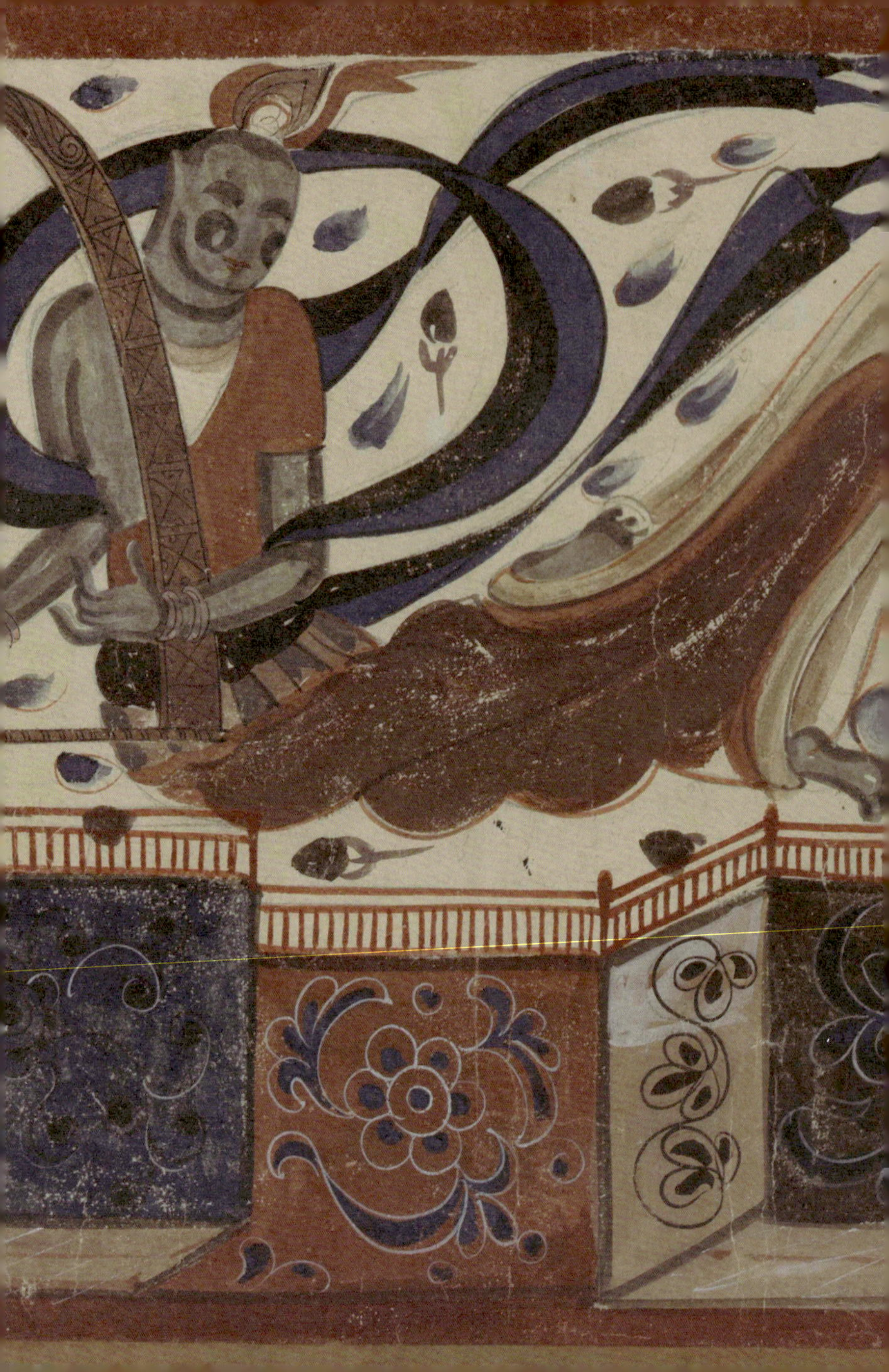

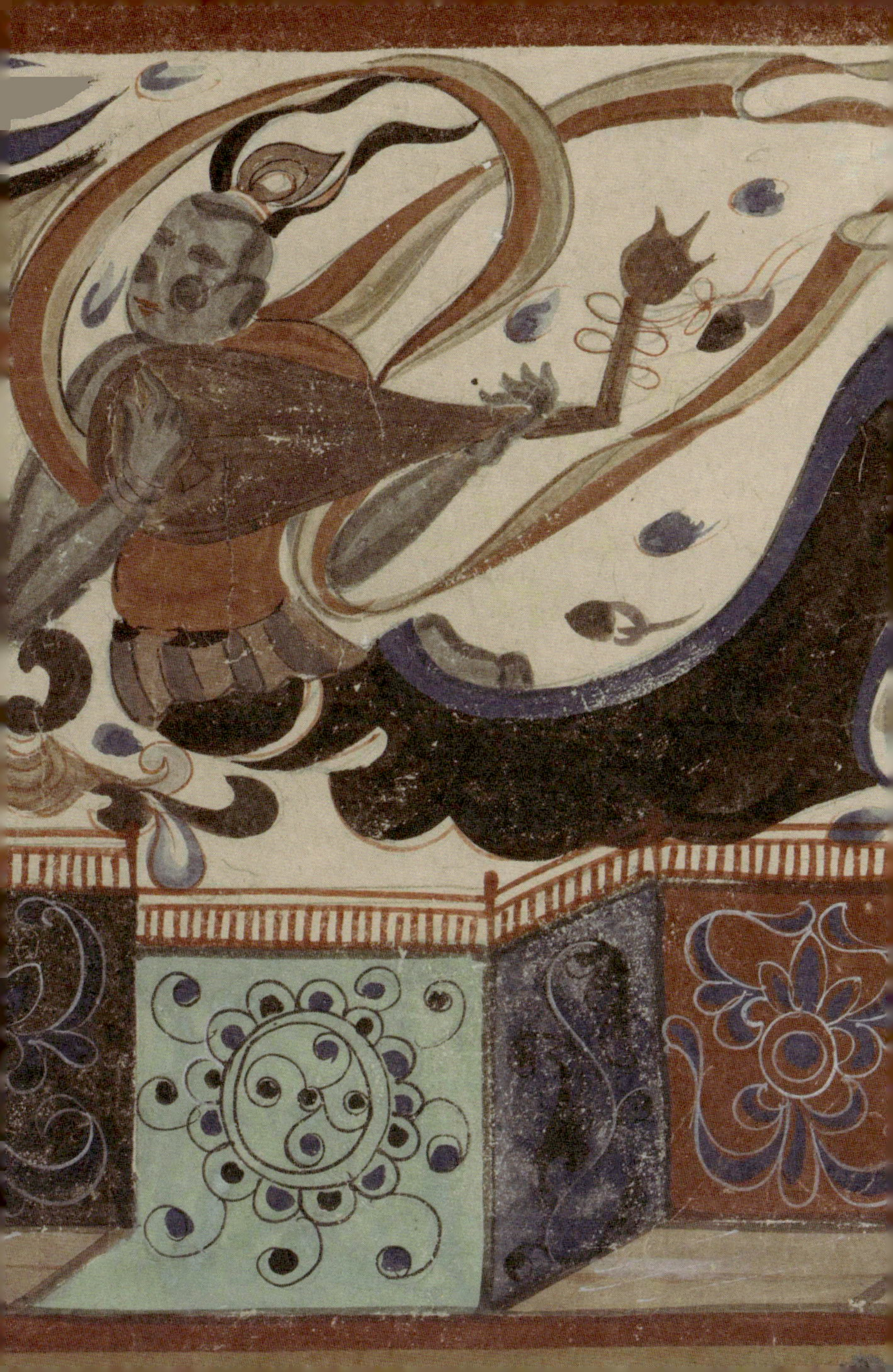

隋末唐初第 390 窟　说法图

第 390 窟是覆斗顶窟，窟顶四披绘土红深色底千佛，以下全部为浅色底。南北壁中央绘弥勒菩萨说法图，环绕其上中下三层满绘释迦牟尼佛说法图，边线以联珠纹为分界线，共计三十三幅，规模宏大。此画摹自北壁中央的说法图，图中善跏趺坐弥勒菩萨低眉垂目，施无畏印，身上严饰飘带、璎珞，庄严华美。菩萨身后有茂密的双树，上有宝盖、飞天、散花，另有左右二菩萨持花供养。画面概括洗练，以青、绿、棕、黑、白等色为主，并以土红色勾线，清淡而朴实。整体画面的轮廓线虽已不甚明显，但仍保存着菩萨清秀的神态、温婉的神情和端严的身姿。

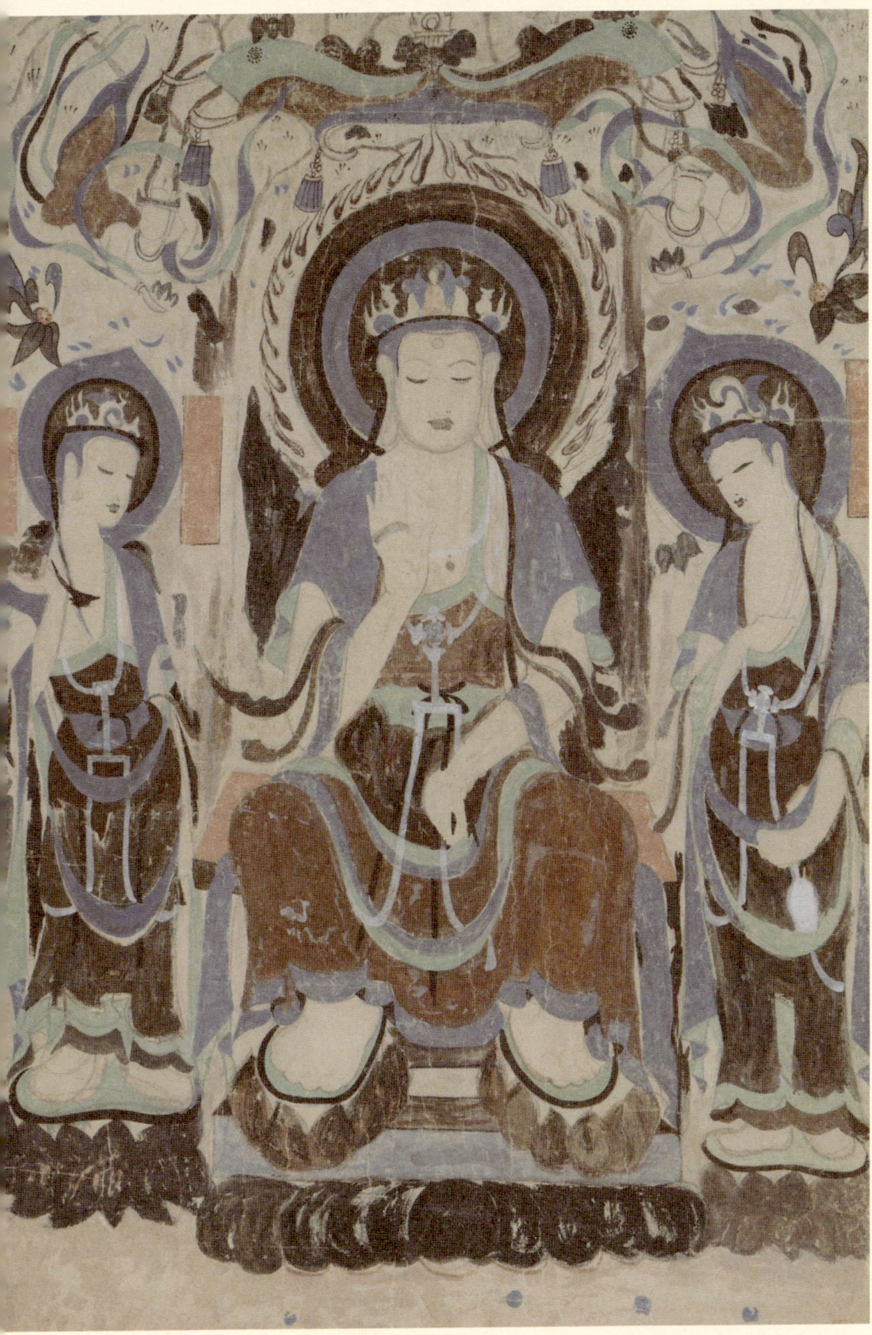

唐

历史上的大唐帝国是一个国力强盛、经济繁荣、文化灿烂的国家，尤其是在唐代初期，国内的统一，加上统治者执行了一系列恢复社会生产的政策，使饱经300余年战乱的人民有了暂时较安定的生活，农业生产得到发展，对外交往也日趋频繁，文化交流也因此愈益密切。在这样的社会环境下，唐代的敦煌艺术更加繁荣起来，进入了具有统一时代风格的时期。

唐代壁画结构紧凑，组织严密，内容丰富。这一时期的壁画以"经变画"为主要题材。经变画在当时极为流行，差不多占了每个洞窟绝大部分的壁面。这些经变画的结构一般都以亭台楼阁、水池莲花、伎乐舞蹈来衬托中央的释迦牟尼佛。

所谓"经变"，就是佛经的"变现"或"变相"，也就是把一部经文的主要思想和故事变为图像（或雕塑）。佛教经典很多，因此经变的种类也很多。唐代的佛教以"净土图式经变"最为流行，因为当时净土的信仰深入人心。

为了取信于人，到了唐代中期，佛像的"世俗化"更进了一大步：打破神与人的界限，达官贵人生活中的亭台楼阁、水池莲花，规模宏大的宫廷伎乐舞蹈，众多华丽的场面都成为表现极乐世界的画面。加之想象中的飞天飘忽往来，在亭台楼阁之间腾空起舞、仰手散花，给壁画一种"天衣飞扬，满臂风动"的感觉，为经变画增添了引人入胜、身临其境的艺术感染力。

此外，一些巨幅的经变画中还穿插着许多反映当时社会生活、生产的场面，如狩猎、耕获、伐木、打铁、拉纤、舟渡、嫁娶、送殡等。所有这些，对于研究我国古代政治、经济、文化、风俗习惯等都是极为宝贵的形象资料。

除了净土变，维摩诘经变、法华经变、报恩经变等也都是唐代画家喜爱的题材。其中，维摩诘经变可以说是魏晋以来率先中国化了的佛教画，东晋画家顾恺之就开始画维摩诘经变。到了唐代，阎立本、吴道子等著名画家，都画过这个题材。

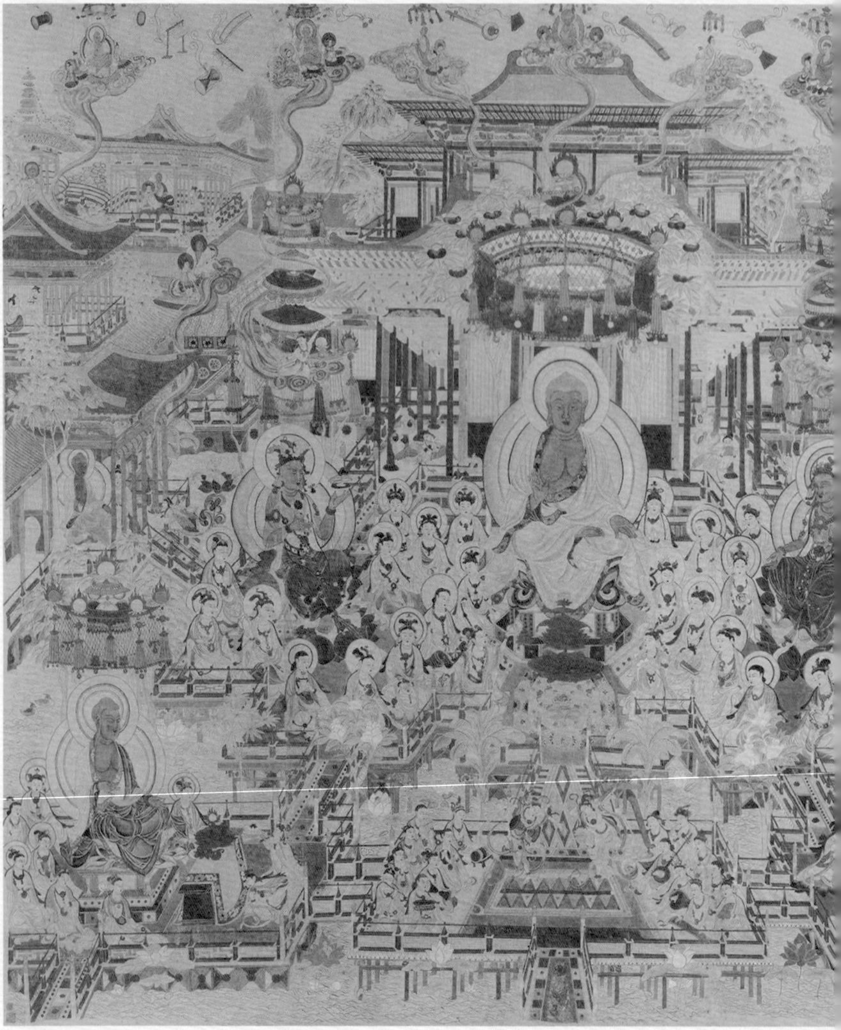

盛唐第 172 窟 观无量寿经变

盛唐第 172 窟为覆斗顶窟，窟室南北壁各画观无量寿经变一铺，据《观无量寿佛经》绘制，规模宏大，均为杰作。这里展示的摹本源自此窟南壁，临摹时已将变为深色的人物肤色恢复到应有原色。画面中殿阁层叠，人物众多，气氛欢快而热烈，可见画者对人物的组合、建筑的布局和透视关系的处理十分成熟。

画面中部以大殿建筑为主体背景，并以大殿的透视突出中心佛殿的宏伟及唐代建筑的风格；两侧配殿低于大殿，表现其广阔连绵；后部楼阁则取平视角度，显得深远辽阔，以这样多角度透视的方法烘托佛殿的气势。

作品充分显示出佛陀的庄严、菩萨的柔美、伎乐人的欢快，体现极乐世界的殊胜美好。依据经文内容，画面上方还绘有不鼓自鸣的飞升乐器；下沿有水波涟涟的七宝池和八功德水，池中莲花盛开、鸳鸯戏水，颇有趣味。画面内容生动多样，丰富细致，设色淡雅，运笔细腻，使观者依此想到西方极乐世界的清净美好和功德成就。

唐洞窟不详 风神

中唐第 199 窟 观音菩萨

唐代壁画中的维摩诘经变的基本结构，是居士维摩诘与文殊师利菩萨对坐（居士维摩诘智辩过人）。文殊师利菩萨是受如来派遣从毗耶离城前来问疾的。文殊师利菩萨在诸大菩萨中智慧辩才第一，所以充当了这个使者。维摩诘装着生病，吸引人们和他论道。文殊师利一来，问答就开始了。在许多人前来听法的场面中，听众中有中国帝王及大臣，也有外国国王与王子等，这和我们在阎立本的《历代帝王图》中所见的简直一样。当维摩诘与文殊师利菩萨往复激辩的时候，天女出现，散花空中。这不可思议的场景，被艺术家以惊人的想象力展现了出来。

唐代壁画中还常看到报恩经变。报恩经变的结构和西方净土变没有什么区别，不同的只是边缘的故事画。其中表现最美的是《论议品》和《恶友品》。下面将这两个美丽动人的故事着重谈一下，也说明各窟中都能看到的千佛（"贤劫千佛"）的来历。

《论议品》（鹿母夫人生莲花）

在波罗奈国离城不远的地方，有一座名为"圣所游居"的山。这个山上住着两个道人，一住南窟，一住北窟。

山上有一道流泉，泉水非常清澈。春天，南窟道人在这泉水中洗脚。有一头母鹿经过这里，饮了这泉水以后怀了孕。等到要生产时，母鹿便回到泉水边生产，产下一个小孩子。母鹿生产时的悲鸣引起了南窟道人的怜悯，便走出来看发生了什么事。他来到泉水边，母鹿正用舌舐它所生的小生命，见道人来了就跑了。道人从地上抱起了孩子，见她容貌端正，只有两足是鹿脚，便生了怜爱心。他用草衣包裹孩子，抱回住处，用鲜果来喂养她。

这个母鹿所生的女孩子渐渐长大，长得非常美丽。南窟道人非常宠爱她，将她视作女儿。因怕她受冷，洞窟的火堆从不熄灭。可是，有一天偶然不慎，火熄灭了，南窟道人很着急，于是便叫女儿到北窟道人处乞求火种。

鹿女去北窟乞火。她每走一步，所经过的地上就涌现一朵莲花。她一步步走到北窟，一朵朵的莲花就留在她身后。

北窟道人看到鹿女步步生莲的奇迹，说："若要得火，须从右边绕窟七周。"鹿女为了求火就依着他所说，绕窟七周，果然得了火种，回到南窟。

这时，梵豫王到山上来打猎。他看到朵朵莲花十分惊奇，就循着莲花来到南窟，发现了这个长着鹿脚的美丽姑娘，便娶作王妃，十分宠爱。国王爱上鹿女，很快便惹得其他王妃不快；更因相师占卦，说她有孕，将生千子，那些王妃更是嫉妒她。到了足月，鹿女果然分娩，生了一朵莲花——花有千叶，叶坐一子，果然是一千个儿子。其他王妃知道后，就在国王面前挑拨，说她不祥。国王一气之下，把鹿女囚禁起来，把莲花连同千子投入殑伽河，任其随波流去。

殑伽河下游的乌耆延王发现了莲花千子，便把他们救了上来，收养长大。这千子孔武有力，乌耆延王仗着他们开拓疆土，兵势很盛，一直打到梵豫王国来了。

兵临城下，势莫能敌，梵豫王焦灼万分。这情形被囚禁的鹿女知道了，就向国王进言，说她能退敌。国王已无办法，便让她出来一试。鹿女登上城楼，见城外兵围重重，有千员大将，威风凛凛。鹿女向他们喊道："不要做出这种忤逆的事，我是你们的母亲。"说着解开衣服，一千支乳汁喷出。天性所然，乳汁都注入千子之口。于是，千子都悟到城上的女人就是他们的生母，便解甲归宗，从此两国和好，百姓欢乐。为了纪念千子归宗，这里起了一座宝塔。千子之一的如来佛后来经过宝塔寺，就告诉弟子们："昔吾于此归宗见亲。欲知千子，即贤劫千佛是也。"❶

---

❶ 出自《大唐西域记》卷七中的故事。

《恶友品》

波罗奈国国王有两个太子，分别为善友、恶友。他们为人正如其名，一善一恶。善友性好施舍，见国库将尽，便广求珍宝，决意入海去求"摩尼宝珠"。同行的有五百人，还带着熟悉道路的盲导师。恶友心怀嫉妒，也要求同去，善友答应了。于是，他们扬帆入海，到了珍宝山。上岸取到了许多珍宝之后，五百人和怕吃苦的恶友先回去了，只剩善友和盲导师继续前进。他们经过十分艰苦的旅程，盲导师因体力不支而中途死去，剩下意志坚强的善友，最终到了龙宫，取到了无价的摩尼宝珠。

善友回国路上遇见恶友，才知回船在归途中沉没，同伴都死了。善友安慰弟弟："人和珍宝虽都失去了，但我已经从龙宫取得了无价的摩尼宝珠，可以弥补这个损失。有了它，任何愿望都可实现。"

恶友听了，心生毒计。等善友熟睡后，他找来两支干竹刺，刺入善友双眼，把摩尼宝珠抢走。恶友夺取了宝珠回国，在父母跟前编了谎话："善友已淹死，只有我因有福德才能取珠生还。"父母平常疼爱善友，因此哀伤不已。他们骂恶友："你一人独活，还有何面目回来？"恶友讨了没趣，一气之下把宝珠埋在土中。

被竹刺刺瞎了双目的善友并没有死，他醒了之后忍痛慢慢到了利师跋国，被牧人收留。善友要求牧人替他制一个筝，好靠卖艺过活。善友原是弹筝能手，很快就出了名。

利师跋国王有一座果园，常有鸟雀啄食。守园人把善友找来，叫他帮忙防护。善友说："我的双目已盲，怎能驱除鸟雀？"守园人说："不要紧，我在树上系个铜铃，你在树下牵着绳子，一听到鸟雀声，你就拉铃，鸟雀自然惊走。"善友答应，便在果园住下来。有鸟雀时他就拉铃，没鸟雀时便弹筝消遣。

利师跋国王有一公主，从小许配给善友，不过两人从未见过面。善友因自己双目已盲，也断了念，并不说破自己的身份。这一天，公主来游园，见盲人弹筝，乐音美妙，便心生爱念，不能舍离。她不顾父母的反对，嫁给了他，但公主并不知道这盲人就是自己原定的未婚夫善友。

婚后两人感情很好,时刻不离。有一次,公主偶尔因事外出,回来晚了。善友责备她,以为她有隐事。公主气得直哭,并赌咒说:"我若有丑行,就让你双目永盲。如若不然,让你一目平复如故!"说完,善友一目果然睁开,视力平复。公主说:"你这人太没良心,我尽心奉候你,还得不到你的信任。"善友哭道:"你知我是何人?"公主说:"谁不知你原是弹筝的叫花子!"善友说:"错了错了,我是波罗奈国善友,本是你的未婚夫。"公主不信。善友赌咒说:"我平生从不妄言。如果我欺骗你,就让我另一目永盲,否则就让我另一目平复如故。"说完,如他所誓,另一目也复明了。

善友在入海求宝珠前,曾养一只白雁。这天,白雁落在善友面前,悲鸣欢喜,雁头系着一封信。原来是王后打发它来寻善友下落。善友看信后,知道父母因思念他,日夜悲哭,双目都瞎了。他立即回信叙明经过。

父母得信,又惊又喜。他们把恶友关在狱中,并派人接善友夫妇。善友见了父母,知恶友下狱,一再为他求情。恶友被释放,取出埋在土中的摩尼宝珠。善友焚香顶礼,供上宝珠:"摩尼宝珠,请让双亲复明，也请宝珠遍降甘米，普济众生。"

故事在举国欢庆的气氛中结束。

在一幅经变中当然不可能仔细交代这么多内容，尤其是报恩经变要表现九品，这就不能不把故事压缩到最大限度。又由于四周位置狭小，人物也不能过多，画家在处理时是需要费一番苦心的。如表现利师跋公主见善友在树下弹筝，只画两人对坐。寥寥数笔，充满了感情。

这种抒情的优美小品在许多经变中都可见到。这些经变四周的故事画是富于现实生活气息的——因为它通过佛经故事，直接描绘了人间世俗的生活。

还应该来介绍一下唐代供养人像。

唐代的供养人像，常绘在通道两壁和经变两方，或在经变里作为说法的听众之一。供养人像的尺寸也比前期更大，大都是夫妇对坐，各有侍从，男女不相混杂。男的手持弓箭琴囊，女的则捧镜画扇杖。有的供养人像后面有伎乐车马，形式比以前复杂得多。唐代的供养人像一般都有题名，并有发愿文。其中，第130窟晋昌郡太守乐庭瓌一家的供养像，是典型的唐代贵族形象：衣裙都是丝质的，上面有华丽的花纹，颜色鲜艳；人物面部丰满。这与当时著名仕女画家张萱、周昉所画人物形象完全相合。

盛唐第 130 窟　侍女供养像

此外，还有长卷式的历史人物画，如第 156 窟的《张议潮统军出行图》《宋国夫人出行图》。

张议潮在 848 年率众起义，连战十余年，推翻了外统吐蕃的统治，使东起西宁、临夏，西到吐鲁番一带与长安取得统一。后来，他被封为归义军节度使，并世守敦煌。

这个窟是他的侄子张淮深开建的。为了纪念张议潮的功勋，莫高窟佛教艺术壁画中也出现了与佛教教义无关的历史画，场面雄伟，真实反映了当时仪仗队伍的规模。

另外，从供养人中也能看到另一个阶层的人。例如，第 107 窟是几个妓女所开的小型窟，她们把自己的像画在窟壁上祈求佛佑，她们卑微的愿望是"舍贱从良……"，落款是"良妓女善和一心供养"。她们是被压在封建大山最底层的不幸者。这类形象可以激起观者不同的情绪和感触，这些画工粗率的人像也深深使我们同情。

五代、宋

唐王朝崩溃以后，历史上又出现了短暂的分裂割据局面。由于政治、经济的变化和海上交通的发展，敦煌失去了过去那样重要的地位。

莫高窟可供开凿的崖壁是有限度的，到唐末已到了饱和点。于是这时出现了两种情况：一种是翻修重建旧窟，把壁画和塑像全换过；一种是索性把旧窟凿开，使它成为大型的新窟，因此也毁掉了不少早期的壁画和塑像。后者需要较大的财力。我们现在看到的五代时期的大型石窟，都是当时敦煌统治者曹议金家族所开。

除了大规模的供养人画像，此时的经变内容承袭于唐代，但在用色及描绘上别有一番朴质的民间艺术风味，色调也趋于单一。

供养人的地位，未有比这个时期提得更高的。其中最大的供养人像要算五代第98窟——于阗国国王李圣天及其王后曹氏（曹议金之女）。供养人像是等身大小，而主要的窟主像更高大。每一个画像都标示着他们家族成员完整的官衔，其中有汉族官吏，也有回鹘族的贵族仕女和侍从奴婢。

由于人像的加大，他们的装扮也画得更具体细致，如发髻上的簪钗、脸上贴的花钿、不同身份等级的盛装，可清楚看到织绣和染缬的衣裙。这些供养人都按尊卑依次排列，渐后渐小。值得注意的是，这时的女供养人中出现了不少窄袖翻领的外族服装，从中可以看出曹家和外族吐蕃的亲密关系。也由于曹家与外族的联姻政策，才使曹氏统治权维持了百余年之久。

五代时期值得指出的前所未有的经变有"劳度叉斗圣变"。它在经变的构图上很有变化，表现手法又带有一定程度的幽默和夸张。它比维摩诘经变更进一步，是佛教画中富有独创性的作品。

于阗国国王及曹议金家族女供养人服饰及披带纹样图

于阗国国王李圣天服饰图

于阗国王后曹氏服饰图

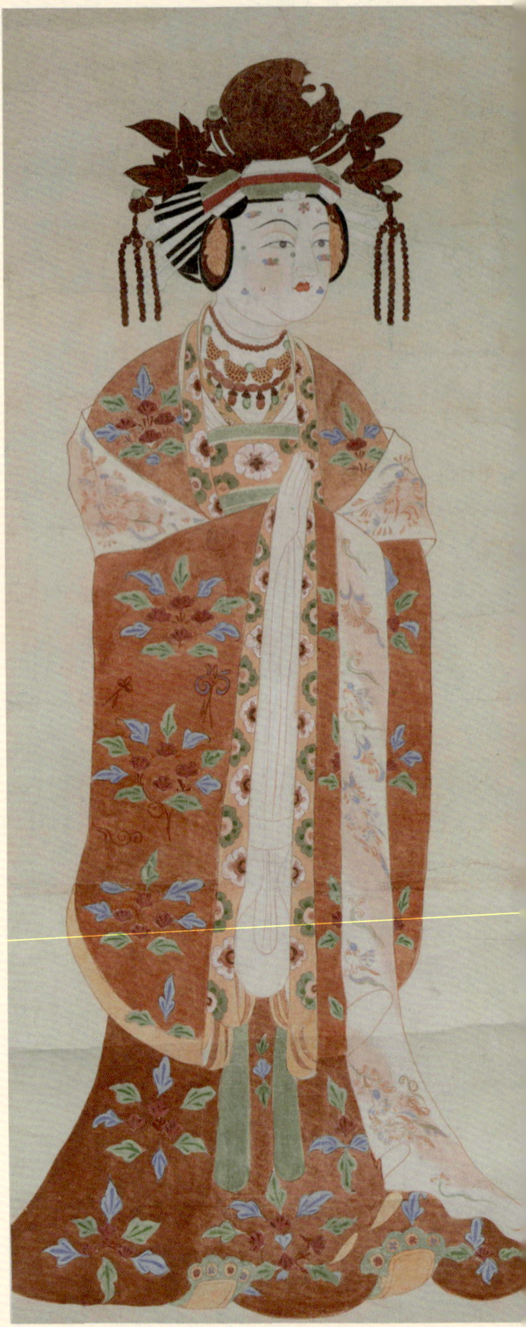

五代第 61 窟　供养人

五代第 61 窟是敦煌莫高窟最大的洞窟之一，为五代第四任归义军节度使曹元忠夫妇捐建。此窟北壁东侧下部画曹氏家族女供养人 49 身，是敦煌石窟中女供养人数量最多、面积最大、绘制最精美的一组壁画。此时的供养人身形已超出佛像的尺度，突出了供养人家族的身份及虔诚造窟的规模。这里展示的是临摹自其中的一身女供养人像，从中可以看到五代时期贵族妇女服饰文化的真实状况。女供养人头戴凤冠，两侧有步摇和花钗；颈部戴多重项饰；身着曳地朱红色织绣裙，装饰花草图案；肩披绶带鸟图案画帔，色彩绚丽，花团锦簇。她的面部还贴有多种花靥，当时在额头、两鬓、眼睑、面颊等处以圆点、花草等花钿点缀，是五代贵妇仿效唐代后妃的妆扮。整幅画像表现了这位曹氏家族女供养人雍容华贵的气度和虔诚供养的神态。

五代第61窟　于阗国国王第三女公主供养人

宋代壁画以程式化的菩萨代替了以往丰富多彩的故事画。

五代时期值得指出的有第61窟的《五台山图》。《五台山图》的制作与文殊师利菩萨的信仰分不开。《华严经》和《文殊师利宝藏陀罗尼经》中说文殊师利菩萨住在东北广大的清凉山，山有五顶。这和中国的五台山相合，于是五台山就成了佛教的圣地。许多寺院建立了起来，《五台山图》也就出现了。

画面达40多平方米的《五台山图》，描绘了现今山西太原到河北正定县方圆500里内的山川地理。图画以五台山为中心，描绘了山峰、地形，以及城镇的市容、桥梁、寺庙、交通运输、人物往来等各个方面，生动刻画了开店、赶车、磨面、割草、挑担、驮运、出行等生活生产场面，其中描绘的古代建筑和桥梁，达170余座，是一幅难得的形象地图，也是别具风格的山水人物画。更有趣的是，图中"大佛光之寺"的正殿，至今还独存。这是历经1100多年罕有的唐代木构建筑，十分珍贵。

宋 供养人像

《五台山图》这种结合人物活动的形象地图，在中国美术史上的地位无疑是很重要的。

唐代木构建筑佛光寺远景

西夏、元

蒙古征服西夏以后，在莫高窟也做过一些修窟的功德。留到现在的元代洞窟共9个。

莫高窟作为当时的佛教圣地，至宋之后，西夏和元时代已失去了它昔日那种光辉的地位。由于佛教宗派的发展演变，而出现了密宗派壁画，内容和形式全然不同，带有几分神秘的色彩。例如第3窟的千手千眼观音和千手千钵文殊，画工精细，线采用的是"芝叶描"，线条顿挫转折，敷彩简淡，接近于吴道子的画法，而且用了另一种九彩壁画法，是元代壁画的代表作。

莫高窟艺术的创造，沿袭了十多个朝代，到元代已经算结束了。这个时候佛教画以外的艺术形象仍然在不断发展，只是在莫高窟是好景不再、走向尾声了。

以上概括介绍了敦煌石窟艺术——壁画、装饰、历史等诸方面（来不及涉及彩塑、建筑）丰富无比的内容和价值。

西夏第 207 窟　供养菩萨

元第465窟 供养菩萨

敦煌莫高窟虽然是座佛教的石窟艺术殿堂，但从艺术历史上讲，它显示了我国历代各族画师卓越的艺术才能和高度的艺术成就。这些历代壁画的内容和形式，形象地反映了自公元300年到元代，我国历代社会文化、人民生活的变迁，以及中西文化交流融合的变化和发展，其中蕴藏着极丰富而多样的艺术形象。

当我们亲临敦煌莫高窟，巡视感受这492个洞窟时（当然，为了保护现已控制参观数量），我们会感到犹如时光倒流一般，得以重新经历体味已成历史的这十多个世纪。现在的敦煌莫高窟佛教艺术对我们来说不仅是宗教上的意义，更重要的是它以宏伟的石窟群和艺术的魅力，感染、激励着我们，让我们对传统文化心生崇敬，也是我们继承学习传统文化的重要源泉。

莫高窟的艺术家没有留下他们的名字。他们忠于艺术，却并未想过身后留名。他们无声无息、严谨认真，他们一笔不苟、富有创造性地从事着艺术的劳动，为我们提供了先代劳动人民匠师创作的杰出范例，使我们认识到我们的祖先有着艺术创造上的智慧和力量。

敦煌艺术向我们证明了中国艺术家热爱自己民族的传统。他们始终以主人公的态度接受外来的艺术，他们善于吸收外来艺术的长处，从中去除与我们民族习惯不相融的东西。在民族的传统、历代生活的发展中，他们将敦煌艺术不断丰富、充实、创新、发展！

四

敦煌守护神——我的父亲常书鸿

坚守敦煌四十年的故事

我的父亲常书鸿 1927 年至 1936 年公费留学法国，先在里昂美术专科学校学习油画，毕业后又在巴黎高等美术学院继续学习，成绩优秀。他的油画作品曾多次参加法国国家沙龙展，先后获金质奖三枚、银质奖二枚、荣誉奖一枚。其中，《沙娜像》收藏在巴黎近代美术馆；《裸妇》收藏在里昂国立美术馆。父亲因此成为法国美术家协会会员、法国肖像画协会会员。

我的父亲在巴黎塞纳河畔的书摊上偶然发现了伯希和撰写的《敦煌石窟图录》，这件偶然的事情改变了他的一生历程。

父亲在他的回忆录《九十春秋——敦煌五十年》一书中的第二章"留学法国"中写道："……我来到吉美博物馆，那里展出着许多伯希和于 1907 年从敦煌盗来的大量唐代大幅绢画。有一幅是 7 世纪敦煌佛教信徒捐献给敦煌寺院的《父母恩重经》，时代早于文艺复兴

常书鸿

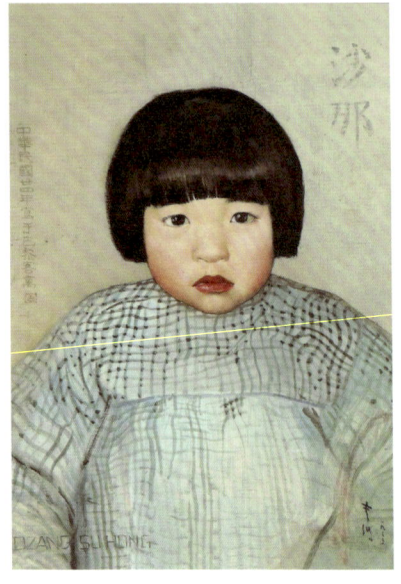

《沙娜像》 常书鸿绘

意大利佛罗伦萨画派先驱者乔托700年；早于油画的创始者文艺复兴佛拉蒙学派的大师梵爱克800年；早于长期侨居于意大利的法国学派祖师波生1000年。这一事实使我看到，拿远古的西洋文艺发展的早期历史与我们敦煌石窟艺术相比较，无论在时代上或在艺术表现技法上，敦煌艺术更显出先进的技术水平，这对于当时的我来说真是不可思议的奇迹。因为我是一个倾倒在西洋文化前而且曾非常自豪地以蒙巴那斯的画家自居，言必称希腊罗马的人，现在面对祖国如此悠久灿烂的文化历史，自责自己数典忘祖，真是惭愧之极，不知如何忏悔才是！"

1936年，父亲受聘于北平艺专，任教授，从速返回祖国。1937年抗日战争爆发，北平沦陷，他随艺专逃难南下……途经江西牯岭、湖南沅陵、贵阳、昆明，最终到达重庆。

1942年，父亲在重庆以破釜沉舟的决心去敦煌。父亲在回忆录中写道："我在重庆时同梁思成、徐悲鸿大师商谈此事，梁思成大师说：'你这破釜沉舟的决心我很钦佩，如果我身体好，我也会去的呢！祝你有志者事竟成。'徐悲鸿大师说：'……要学习玄奘苦行僧的

《走向莫高窟》 常书鸿绘

精神，要抱着不入虎穴、焉得虎子的决心，把敦煌民族艺术宝库的保护、整理、研究工作做到底。'"从1942年到1982年，一去就是40年，他所肩负的千辛万苦是难以想象的，他最后称自己为"敦煌痴人"。赵朴初先生将他誉为"敦煌守护神"，在莫高窟立下的父亲的墓碑上，就铭刻着赵朴初先生的题字。

画家张大千1941年和1942年先后两次去敦煌莫高窟，临摹了不少壁画，对他后来的画风变化起了重要的作用。此外他还对布局凌乱的洞窟进行了编号，共编309个窟，并按壁画的风格演变和题记把唐代分为初、盛、中、晚四个时期。

1943年年初，张大千离开莫高窟时半开玩笑地对我父亲说："我们先走了，而你却要在这里无穷无尽地研究保管下去，这是一个长期的无期徒刑呀！"我父亲笑着说："……即使是'无期'，我也在所不辞。因为这是我多年梦寐以求的工作和理想，也正是这种理想使我能够在多种困难和打击面前不懈地坚持下来。"为此，父亲还下决心于1943年年底将我母亲和我、弟弟嘉陵从重庆接过来安家，陪同实现他的事业理想。

张大千临走时还送给我父亲一张纸条，上面是他记下来的莫高窟水渠旁采摘野生蘑菇的路线图。父亲看后写下一首诗："敦煌苦，孤灯夜读草蘑菇；人间乐，西出阳关故人多。"

父亲在回忆录中把他一生概括为八章，其中从第三章到第八章都是回顾他坚守在敦煌的历程，他把大部分的生命都交给了敦煌，完成了他作为一个艺术家对祖国民族文化遗产保护研究的责任和夙愿。

父亲破釜沉舟到敦煌后，在他的回忆录中描述了他面临三次刺心的苦难时如何发出了三次决定性的誓言。

20世纪70年代，常书鸿站在修缮后的莫高窟窟门、檐道前

《雪朝寒雀》 常书鸿绘

第一次是 1942 年，那年父亲 38 岁，从重庆历经一个多月艰苦的旅程到了敦煌千佛洞。他以顶礼朝拜的心情，面对壮观的窟群，面对历经 1000 多年风雪流沙的侵蚀后的沧桑凄凉场景，他感到痛心。他在回忆录中写道："为了使它不再毁损，我决心以有生之年为敦煌石窟的保存和研究而努力奋斗，绝不让这举世之宝再遭受灾难了！"

第二次是 1945 年年初，我母亲因生活艰苦和宗教信仰（她信奉天主教）等诸多原因，竟然离开我们出走。父亲在回忆录中写道："我承受着这意想不到的打击，在苦不成寐的长夜里，铁马声声，九层楼的风铃如泣如诉，勾起我万千思绪……同时，又面临着我们所里同志们的工资长期被国民党政府扣住不发，生活的窘迫。……此时，我脑中呈现出第 254 窟北魏的壁画《萨埵那太子舍身饲虎》的故事，其画风与深刻的寓意，强烈地冲击着我。我想萨埵那太子可以舍身饲虎，我为什么不能舍弃一切侍奉艺术、侍奉这座伟大的民族艺术宝库呢？在这兵荒马乱的动荡年代里，它是多么脆弱，多么需要保护，多么需要终生为它效力的人啊！我如果为了个人的一些挫折与磨难就放弃责任而退却的话，这个劫后余生的艺术宝库，很可能随时再

1955年，常书鸿在临摹莫高窟第369窟壁画

1960年，常书鸿与研究所的成员们在美术陈列室观摩、点评壁画临本

遭劫难！不能走！再严酷的折磨也要坚持干下去……在梦中，我看到一个个'飞天'从洞窟中翩翩飞出，天空中飘满五彩缤纷的花朵，铁马的叮当声奏出美妙的乐曲……"

第三次是在1945年下半年，抗日战争胜利后，父亲接到国民政府教育部的命令，宣布撤销"敦煌艺术研究所"，把石窟交给敦煌县政府。父亲在回忆录中写道："这一突如其来的变故，给了我一个严重的打击。我拿着命令，简直呆傻了。前妻出走的折磨刚刚平息，事业上又遭到来自政府的这一刀，真是忍无可忍了！""这接踵而来的打击，使我像狂风恶浪中的孤舟一样，忽而浮起，忽而又沉下去……我写信给于右任——当年的支持者，力陈保护敦煌、研究敦煌的重要性，希望他们呼吁保留这成立不到两年的研究所……"这一次打击后，父亲再次在心中发誓："思前想后，我默默发誓，我绝不能离开。不管任何艰难险阻，我与敦煌艺术终生相伴！"

我随父亲在敦煌的岁月，从1943年到1948年。

2004年，敦煌举办了"敦煌研究院建院60周年暨常书鸿诞辰100

周年纪念活动"。

时任敦煌研究院院长的樊锦诗和专家们都在缅怀常书鸿的事业：恢复了常书鸿故居，设立了当年原样的陈列室、办公室……这一切令我有着时光倒流般的感受，令我欣慰、激动、高兴，也很受教育，亲身体会到"做人的价值"。

相信敦煌的艺术将世代相传，永驻人间。

最后重温父亲一生的座右铭：
人生是战斗的连接，每当一个困难被克服，另一个困难便会出现。
人生也是困难的反复，但我绝不后退，我的青春不会再来。
不论有多大的困难，我一定要战斗到最后！

五

常沙娜与敦煌

1.

我和妈妈回国后，1936年的秋天，爸爸也回国了。自从在塞纳河畔的旧书摊上惊奇地发现了伯希和拍摄的《敦煌石窟图录》，又在吉美博物馆看到伯希和从敦煌藏经洞掠去的大量敦煌唐代绢画，中国古代艺术的灿烂辉煌使一向倾倒于西洋艺术的他受到了极大震撼。在深刻反省自己

1934年，留法美术学会成员在常书鸿家中聚会（从左至右：常书鸿、陈芝秀、王临乙、陈士文、曾竹昭、吕斯百、韩乐然）

1933年，一家人在巴黎

对祖国传统文化的无知、漠视和"数典忘祖"之后,如同高更义无反顾地抛弃巴黎奔向塔西提岛,爸爸下定决心要离开巴黎,回国寻访敦煌石窟。那富藏 1000 多年中国佛教艺术珍宝的神秘之地,已经开始走进他的生命,与他结下了不解之缘。

母亲陈芝秀

.2.

就在我家经历了千辛万苦，生活终于稳定下来的时候，爸爸又在酝酿去敦煌的计划了。

自从当年在巴黎塞纳河边的书摊和吉美博物馆初识敦煌、引发艺术情感的轩然大波，敦煌就成了爸爸心中的圣殿，敦煌也成了他渴望的朝圣之地。敦煌令他朝思暮想，无法释怀。回国后由于时局动荡，他随学校南迁躲避战火，去敦煌的事只得搁置下来，但他一直在想着敦煌，战乱中也不曾忘记这桩未了的心愿。

1937 年，我在由巴黎归国途中

1939 年，在昆明时的全家合影

我曾经听妈妈说，在巴黎，爸爸发现敦煌的事一回家就跟她讲了。妈妈是学雕塑的，他也和她谈敦煌石窟的彩塑，谈去敦煌的希望。那时敦煌石窟的艺术品可以在巴黎的吉美博物馆看到一些，但是妈妈觉得亲身去敦煌是故事般的想象，离自己非常非常遥远，至于莫高窟是什么样子，她从没有认真想过。

我与妈妈

1939年，我和母亲在昆明合影

1942年，在时任监察院院长于右任先生的建议下，重庆国民政府指令教育部成立"国立敦煌艺术研究所"。于右任先生很爱国，也很重视民族的文化，他认为敦煌这样一个举世罕见的艺术宝库，国家再穷也要想方设法将其归为国有，研究它、保护它，否则没有办法向历史交代。为此他曾经写

《茶花》 常书鸿绘

1941年7月，弟弟嘉陵出生

过一首充满感情的诗："斯氏伯氏去多时，东窟西窟亦可悲。敦煌学已名天下，中国学人知不知？"他深知国家保护敦煌的责任，所以积极筹建研究所，希望有一个从事艺术、有事业心的人去敦煌做这件事并坚持下去，于是爸爸被推荐担任筹备委员会的副主任。

爸爸是那种有个想法就一定要实现的人。他听说张大千1941年和1942年已经两次去莫高窟，是以个人名义带了几个弟子去的，前后住了一年多，临摹了很多壁画作品，还为洞窟编了号，相当不容

1942年，爸爸在重庆沙坪坝的凤凰山上画风景

易，因此他非常佩服张大千。敦煌是他魂牵梦萦的圣地，现在自己终于有机会去敦煌圆梦了，他毫不犹豫，欣然接受了敦煌艺术研究所筹委会副主任的职务。梁思成先生早就听说常书鸿一直念念不忘敦煌，他对爸爸说："如果我身体好，我也会去的，祝你有志者事竟成。"徐悲鸿先生也鼓励爸爸要学习玄奘苦行僧的精神，抱着"不入虎穴、焉得虎子"的决心，把敦煌的工作做好，做到底。

3.

1942年冬天,爸爸离开重庆到兰州去了。又经过一段时间的准备,1943年2月,他终于带着他组织的第一批研究所工作人员动身去了敦煌。那里黄沙漫天,生活苦不堪言,工作更是困难得常人难以想象,但是亲眼看见了那么多神秘绚丽的壁画、彩塑,亲身感受到了1000多年古代艺术的神奇魅力,爸爸完全陶醉了。留着一把大胡子的张大千和他的弟子当时还在莫高窟,临走时和爸爸开玩笑,说留在敦煌的工作将是"无期徒刑",但爸爸一点都没后悔自己的选择。敦煌这个艺术宝库太伟大了,保护敦煌石窟、研究敦煌艺术是他梦寐以求的事,哪怕真是无期徒刑,他也下定决心要坚持到底,而且更坚定地要把我们母子三人都接过去,在敦煌安家落户。

1942年,我在重庆的凤凰山上小学

1943年晚秋,我们的家又从重庆搬到了敦煌。那年我12岁。

去敦煌的旅途给我的印象太深了。一路上,我们全家坐的是那种带篷的卡车。箱子放在下面,箱子上铺褥子,人从早到晚就坐在上面。嘉陵刚两岁,妈妈抱着他坐在驾驶室里。重庆、成都、绵阳、广元、天水,我们在路上整整走了一个月。在四川时还挺好,天气不太冷,景象也不荒凉,广元那一带植物还挺茂盛,可是往西北走,越走越冷,到兰州时已经是天寒地冻了。

我们在兰州停留休息了几天,爸爸又为研究所的事务跑来跑去地忙,直到离开。从兰州向西,就是地广人稀的大西北了。我们的车颠簸着,沿着祁连山,通过河西走廊,途经古代的凉州(武威)、甘州(张掖),没完没了地走啊,走啊,地势越走越高,天气越走越冷,一路荒无人烟,放眼所见只有荒冢般起伏的沙土堆和干枯的灌木丛。出了嘉峪关,更是一片茫茫无边的大戈壁,走多少里地也见不到一个人,唯有流沙掩埋的残城在视野中时隐时现。凛冽的寒风中,妈妈也顾不得好看不好看了,只能和我们一样穿上老羊皮大衣和毡靴。我把身上的老羊皮大衣裹得紧紧的，为了取暖把手也插进肥大的毡靴里，一天一天缩在卡车里熬着。面对彻骨的寒冷和无际的戈壁滩，这段漫长难耐的旅途给我留下了终生难忘的印象。天高地阔，满目黄沙，无尽荒凉，幼稚的我不禁背诵起一首凄凄的民谣："出了嘉峪关，两眼泪不干，前看戈壁滩，后看鬼门关……"

初到莫高窟，我穿着羊皮大衣，抱着小羊羔

5.

总算到达敦煌了。那个时候的敦煌县城和现在完全不一样，占地很小，四面围着土城墙，城门小小的，沙尘遍地，又穷又破。从敦煌去莫高窟（千佛洞），多了历史学家苏莹辉与我们同行，坐的是大木轮子的牛车，木轮有一人多高，牛拉着车一路咣当咣当，摇来晃去，又慢又颠又冷，25公里路整整走了3小时。下午从敦煌出发，走到莫高窟都快天黑了。爸爸提前骑马去了千佛洞，做迎接我们的准备。

快到莫高窟的时候，站在路口迎接的爸爸兴奋地高声招呼："到了，到了，看啊，看见了没有？那就是千佛洞！那是九层楼！还有风铃！"他极力想引发妈妈的激情，妈妈却没有明显的反应，只是紧紧抱着嘉陵，护着不让他着凉。

一车人全都冻僵了。坐了一路牛车，即使穿着老羊皮大衣，还是从里到外冻了个透。我们浑身僵硬，打着哆嗦进了黑乎乎的屋，好半天缓不过劲来。

这是我平生第一次来到莫高窟，可惜不记得那具有纪念意义的日子是 1943 年的 11 月几日了。只记得已经是冬天，千佛洞前大泉河里的水已经完全冻结，变成了一条宽宽的、白白的冰河。

迎接我们的晚饭准备好了，摆在桌子上。待我定下神来，才看出桌子中心摆着一碗大粒盐、一碗醋，每个人面前摆的是一碗水煮切面，面条短短的。我愣了一会儿，问："爸爸，有菜吗？"爸爸回答说："这里没有蔬菜，今天来不及做好吃的了。"他只能劝我们："你们先吃吧，以后慢慢改善。明天我们就杀只羊，吃羊肉！"

这就是我到千佛洞吃的第一顿饭。永远刻在我记忆中的除了那碗盐、那碗醋，还有爸爸那无奈的神情。当时我心里酸酸的，觉得爸爸很可怜，在这么恶劣的条件下，他除了工作，还要照顾这个，照顾那个，又要安慰，又要劝导，他肩上的担子实在太重、太重了！

.6.

千佛洞的天好蓝呀!

第二天一早,晴空万里,展现在我们面前的首先是千佛洞上空明澈无比的蓝天。爸爸问妈妈:"你见过这么蓝的天吗?"蓝天之下,人的心情也豁然开朗。

千佛洞是莫高窟的俗称,是当地老百姓的叫法。当年很少有人知道莫高窟,人们都把沙漠里那千年的石窟群称为千佛洞。

爸爸兴致勃勃地带我们看千佛洞,那就是他抛弃一切非去不可的地方。冰冻的大泉河西岸,凿在长长一面石壁上、蜂房般密密麻麻的石窟群规模浩大、蔚为壮观,却因风沙侵蚀、年久失修而显得破败不堪,像穿了一件破破烂烂的衣裳。然而走近石窟,又可看见一个个没门的洞口里透出五彩斑斓的颜色,方知那灰头土脸的外表下隐藏着神秘的美丽。

1908年的莫高窟旧影（伯希和摄）

1942年的莫高窟，爸爸正在爬梯子进窟

一路都是银白色的参天杨,时值冬季,树叶落光了,枝干直指蓝天,更显得挺拔俊逸。四周安静极了,随风传来一阵叮叮当当的铃声,若隐若现,似有似无,爸爸说那是九层楼的风铃。他带我们进入洞窟,在洞口射进的阳光照耀下,里面有那么多从未见过的壁画、彩塑,铺天盖地,色彩绚丽。我不明白这是些什么,只觉得好看、新鲜、神奇,明明暗暗的一个个洞窟,我走进走出,就像游走在变幻莫测的梦境里。

爸爸带头在莫高窟种菜

7.

在千佛洞的新生活就这样开始了。

这里过的基本是集体生活，我们不用在自己家做饭了，研究所统一伙食，大家一起在公共食堂吃饭。在敦煌，盐叫盐巴，醋是必须吃的，因为当地的水碱性大得很，喝水的玻璃杯上满是白印，凝固的都是水中的碱。

敦煌缺水，不能洗澡，只能擦澡；一盆水擦脸，擦身，洗脚，还舍不得倒掉，得派作其他用场。好在我们在重庆凤凰山时，一家人一天吃喝洗用全靠老乡挑上来的一缸水，早就习惯了缺水的生活，所以到了敦煌也就不难适应了。记得那时我洗头发用肥皂，洗不净，就照别人告诉我的用碱洗，这样洗过的头发确实很滑顺。今天的人都觉得用碱洗头不好，但当年我们就是这么过来的。

一家三口在莫高窟洞窟内

在河西中学读书时，学校放假我必回千佛洞，尤其是暑假，那时的气候是一年里最好的，我可以蹬着"蜈蚣梯"，跟着大人爬进蜂房般的洞窟临摹壁画。我喜欢进洞画画，特别主动，不用大人催。妈妈说："你别上洞子，放假了，好好地在家里。"我说："不，不！"我看见谁上洞就跟着，看他们怎么画，我就跟着学。

.8.

暑假我和邵芳一起从酒泉回敦煌,经常跟着她进洞临摹。邵芳是画人物工笔的,工笔功夫很到位,她成了我的工笔重彩老师。毛笔勾线、着色褪晕等,我从她那里学了不少东西。我至今留有一幅第172窟盛唐壁画《西方净土变》的大幅临摹作品,就是那时跟她一起画的,用的是她的稿子,从描稿、勾线、着色、渲染、开脸,整整一个多月画了这么一幅。看着她怎么画,我学习了全过程,受益很大。

爸爸还安排董希文辅导我学习西方美术史,苏莹辉辅导我学习中国美术史。苏莹辉对历史、考古研究很深,他们为我后来的艺术发展打下了很好的基础。

我和弟弟抱着小羊羔

.9.

张大千在千佛洞临摹壁画的时候，都是用图钉把纸按在壁画上透稿。这样出来的稿子很准确，但图钉不可避免地会在墙上钻出小孔，破坏壁画，因此爸爸给研究所作出了明确规定并一再强调：为了保护壁画，临摹一律采用对临的方法，不许上墙透稿。那时除非有现成的稿子，我都是用对临的办法来学习。爸爸有空就过来指导我：用中心线找构图关系、人物比例，还要抓住人物特征……虽然对临难度大，但迫使自己把眼睛练得很准，提高了造型能力。我学习素描基本功就是从对临壁画开始，绘画基础就是那样打下的。

1956年,大家在榆林窟第25窟临摹壁画

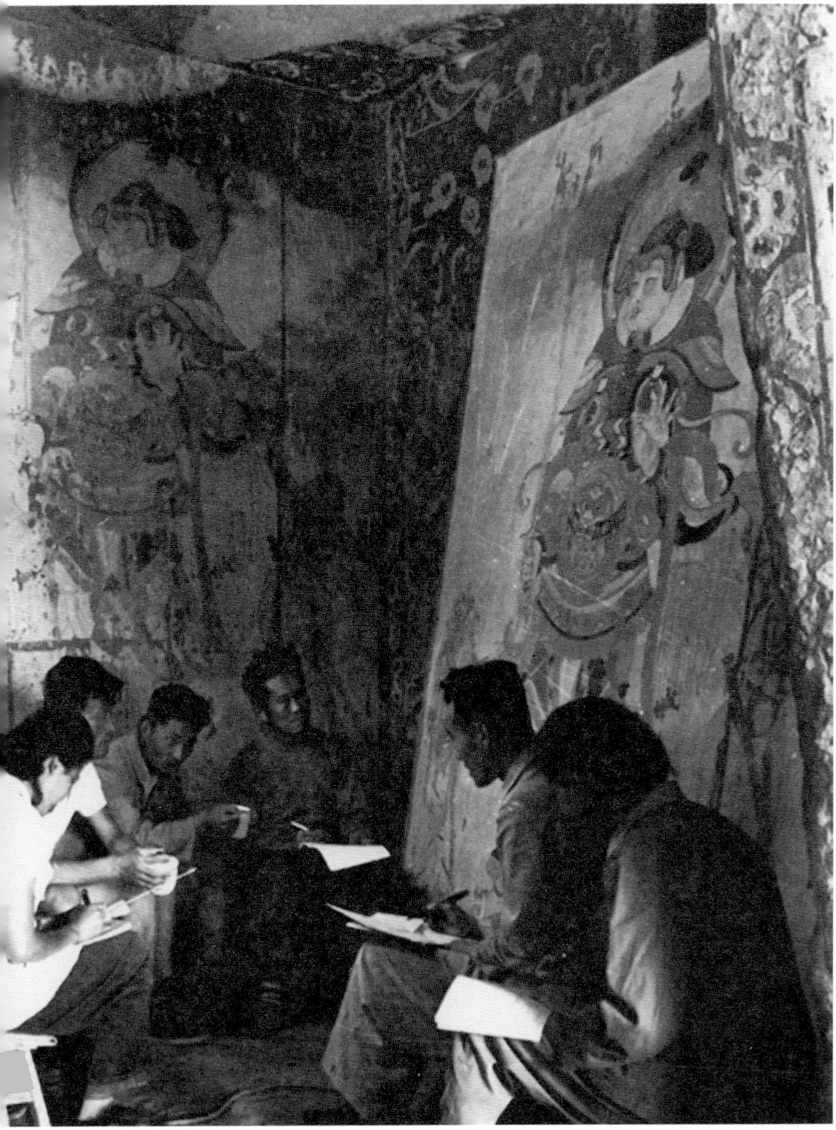

.10.

晚上，大家清闲下来，又没有娱乐的地方，爸爸就组织画速写。就在中寺前后院之间的正厅，两头连起挂两盏煤油灯，请当地的老百姓做模特儿，大家围在那里画，组织得非常好。在爸爸的画集里，有的速写记录的就是集体画速写的场面，上面还有我的影子。另外，磨颜料也是业余时间的主要活动。当时临摹都用马利牌的广告色，这些颜料当地没有，都得从遥远的重庆等大城市买，非常困难。爸爸他们做试验发现当地的红泥可以做红颜料，黄泥可以做黄颜料，就发动大家动手研磨泥巴，自己做颜料。洞子里有些清代搞得很土的小东西，泥料非常好，可以把它剖开了取泥用；研磨好的泥要加桃胶，附近的桃树、梨树就能解决，把树胶拿来泡就行了。傍晚的时候，经常可以看到院里、屋里，人们各拿一个碗一根小棍，一边聊天一边磨颜料。条件太简陋了，但是大家自力更生、克服困难，都很愉快。爸爸在他的回忆录中形容当年的气氛是"乐在苦中"，真是准确极了。

爸爸的速写作品（图中左一为沙娜，右一为范文藻）

.II.

1945 年是跌宕起伏的一年，也许还是爸爸一生中最不寻常的一年——

4 月，妈妈出走，顷刻间家已不像个家。为了继续神圣的事业，爸爸承受住无情的打击，咬牙挺过去了。

7 月，受到重创的心还未完全愈合，国民党政府又下令撤销敦煌艺术研究所，爸爸呕心沥血开拓的事业眼看就要夭折在摇篮里。这一更加无情的打击使他忍无可忍，为了保护敦煌艺术，为了研究所的存在，他抗争、呼吁、团结职工苦渡难关，终于争到了结果，看到了转机。

8 月 15 日，抗日战争胜利结束，万众欢腾。哪知喜庆未尽，"复员潮"又开始了，工作人员一批批陆续离开，研究所已成空巢，千佛洞重新陷入沉寂……

妈妈走后，一家三口在莫高窟的林荫路上

我带着弟弟嘉陵

萧瑟的秋风中,爸爸独守空巢,失落至极,他该怎么办?

后来他在回忆录《九十春秋——敦煌五十年》中记录了那段凄凉悲壮的感受。

"敦煌的夜是如此万籁无声,死沉沉、阴森森的,只有远处传来几声恐怖的狼嗥。这样的夜,我本是早已习惯了的,可是如今我却是辗转反侧怎么也不能成寐了。我披衣走出屋,任凉风吹拂。我向北端的石窟群望去,'层楼洞天'依稀可辨,那是多么熟悉的壁画和彩塑,在那里蕴藏着多么珍贵的艺术啊!当我一来到这个千佛洞,我就感到自己的生命似乎已经与它们融化在一起了。我离不开它们。

现在，经过几年的努力，不但没有淡化我对这些石洞的感情，而且更深了，这里有我和同事们付出的众多心血……

"这时，我不由又想起几天前，由敦煌县长带来一个国民党部队军官，在游览中想凭他的势力，明火执仗地拿走石窟中一件北魏彩塑的菩萨像，说是放在家中让他妈妈拜佛用，真是荒唐。后来我费尽口舌，并以女儿沙娜画的飞天画作为交换，才把那

1946年，我和弟弟嘉陵

个家伙送走。想到这些，我如果此时离开，把权力交给敦煌的县长，这个艺术宝库的命运是不堪设想的。几年的艰苦岁月，这些洞窟中留下了我们辛勤的汗水，而这些艺术珍品也在艰苦环境中给了我们欢乐和欣慰。思前想后，我默默发誓，我绝不能离开，不管任何艰难险阻，我与敦煌艺术终生相伴！"

爸爸选择了留在敦煌，决心与敦煌艺术终生相伴。我在爸爸身边亲历了这一切。

在敦煌时的我与弟弟

.12.

为了扩大敦煌的影响,应五省监察使高一涵和甘肃省教育厅厅长等人的建议,爸爸把原本准备带到重庆的我这几年临摹的一批敦煌壁画作品和他在敦煌画的二三十幅少数民族速写、油画写生拿出来,在兰州的双城门办了一个"常书鸿父女画展"。这个计划外的画展非常成功,影响不小,它宣传了敦煌,使许多人知道了敦煌艺术。也许因为是父女画展,更引人注目,特别是还引起了兰州一些文人的重视,我的画也广受好评。

13.

叶丽华是路易·艾黎亲自为培黎学校聘请来的印染教师，原来在加拿大搞印染，那时她四五十岁，在我眼里就是个老太太了。她当时正好路过兰州，看了展览，也看到了我——那年我15岁，已经长成大姑娘样了，比较引人注目。她很喜欢我，对我很亲近。她对爸爸说："你的女儿很有才华，画的东西多好！可是她这么年轻，老待在山沟里不行，应该让她到外面去见见世面。我建议你把女儿送到美国学习，我会给你联系，你考虑一下。"爸爸觉得这个想法不错，但是美国比较遥远，而且当年在那里很少见到外国人，我们和叶丽华素不相识，这人信不信得过也不知道，于是他就含糊回答说："好，好，她还小呢，过几年再说吧。"

重庆凤凰山上，我、嘉陵与王合内妈妈留影

.14.

展览结束后重返敦煌,爸爸对未来充满希望,做了方方面面的准备。他说:"我一定要把千佛洞改造过来,那里没有鸭,没有鹅,我们把鸭和鹅带过去。"他在十轮卡的车头前装了一个竹条编的大笼子,里面是要运到敦煌去的两只小鸭和一只小鹅,并交代我:"沙娜,每到一站你负责喂它们!"爸爸还带了很多波斯菊的花籽,那时敦煌没有波斯菊,其实这种通过丝绸之路来到中国的花很适合在那里生长。自从爸爸带去花籽,种下它们,波斯菊就在敦煌扎下了根,长得非常茂盛,非常漂亮。当时条件那么艰苦,工作那么多头绪,爸爸还想着要养鸭、养鹅、种花。生活是多样的,美好的,他热爱生活,追求美好,一心要在戈壁中的敦煌创造像故乡江南那样的好生活。如今,莫高窟绿树成荫,白色、粉红、玫瑰红的波斯菊盛开,看见波斯菊我就想起爸爸,在我的心目中,波斯菊就是爸爸的象征。

1946年,父亲回到敦煌后的合影

.15.

冬天不能进洞临摹，爸爸就抓紧时间组织大家画速写，还组织去阿克塞哈萨克地区的蒙古包写生。

天寒地冻，大泉河水凝固了，水慢慢渗下去，河变得越来越宽，成了一条封冻的冰河。我们从最南边滑过去，哗——，一直滑到北边，哗——，又滑回来。研究所还从兰州弄了些冰鞋，大家一起滑冰寻开心。黄文馥、欧阳琳、薛得嘉、萧克俭那批四川人也这样玩，没有其他娱乐，这就挺知足了。我和黄文馥、欧阳琳她们几个在一起，叫黄姐姐啊，薛姐姐啊——都是姐姐。嘉陵就跟着大人们跑来跑去，淘气得不得了。他没什么好吃的，就吃些饼干，都是我给他做的。姐姐们还各自回忆家乡做饼干的方法，凑起来教我。

我骑马的照片及照片后的赠言

我打扮成哈萨克姑娘在莫高窟后山留影

我与黄文馥在大泉河边的石墩上玩

2007年夏天回千佛洞,已经80多岁高龄的李其琼兴致勃勃地约我一起去华塔看看。蓝天洁净,阳光明媚,我们在山上茂密的野草丛中寻路,从小河哗哗的流水中蹚过。60年后旧地重游,我激动得都要疯了,面向山谷忘情地大喊:"我回来啦——"

敦煌的一切对我永远都是那么亲切,美好!

1951年,在北京筹办"敦煌文物展览"时重逢的合影(从左至右为:常沙娜、欧阳琳、黄文馥)

蒙古包速写

.16.

爸爸要求我从客观临摹入手,将北魏、西魏、隋、唐、五代、宋、元各时期代表窟的重点壁画全部临一遍,并在临摹中了解壁画的历史背景,准确把握历代壁画的时代风格。他开始给我讲课,给我介绍历史,让我系统地了解敦煌各时代画风的特色。后来,除了系统临摹,他看中了哪幅画就让我画哪幅画。

我每天兴致勃勃地蹬着"蜈蚣梯",爬进洞窟临摹壁画。那时洞窟都没有门,洞口朝东,早晨的阳光可以直射进来,照亮满墙色彩斑斓的画面。彩塑的佛陀、菩萨慈眉善目地陪伴着我,我头顶上是节奏鲜明的平棋、藻井图案,围绕身边的是神奇的佛传本生故事、西方净土变画面。"那建于五代时期的窟檐斗拱上鲜艳的梁柱花纹,那隋代窟顶的联珠飞马

我、嘉陵与新妈妈李承仙在莫高窟合影

图案,那顾恺之春蚕吐丝般的人物衣纹勾勒,那吴道子般吴带当风的盛唐飞天,那金碧辉煌的李思训般的用色……"❶满目佛相庄严,莲花圣洁,飞天飘逸,我如醉如痴地沉浸其中,画得投入极了。兴致上来,就放开嗓子唱歌:"长亭外,古道边,芳草碧连天……"那是我在重庆插班读书时学会的歌。李叔同是艺术家,又是高僧大德,他作的歌词美得与众不同,令人难忘。随着太阳转移,洞里的光线越来越暗,而我意犹未尽,难以住笔。

我妈妈离开了敦煌,爸爸带着我们一大一小两个孩子,日子过得那么艰苦;我整天在洞子里画画,还要干家务、管弟弟,沈福文觉得我家必须有个女主人了,就向爸爸介绍了李承仙。

❶ 引自《九十春秋——敦煌五十年》。

.17.

在大漠荒烟中，我修行着自己第一阶段的艺术人生，那是一段没有学历的学业。60多年后，在画册上、在美术馆的展厅里，再看到自己十几岁时的临摹作品，我依然会怦然心动：少年纯真的激情融入艺术殿堂神圣的氛围，会迸发出多么灿烂的火花！如第285窟的那几个力士，我画得那么随意，那么传神，线随感受走，笔触特别放得开，颇有些敦煌壁画的韵味。当时别人的评价是：我画得不比大人差。爸爸看了也很高兴，不断地鼓励我。

我在少年时期临摹的北魏第 285 窟的力士像

.18.

1948年春天,叶丽华(Reva Esser,我在兰州父女画展上认识的那位犹太老妇人)到敦煌来了。她没来过敦煌,只是在展览会上看到我们临摹的千佛洞壁画,很感兴趣。她见到我挺高兴,在我的房间里住了一两天,我陪她看了不少洞子。

叶丽华问爸爸:"怎么样?我带沙娜去美国的事你考虑得怎样了?"她在山丹培黎学校教书的聘任期快要满了,准备回美国去。她告诉爸爸,自己有两个女儿,大女儿在南美的波多黎各,小女儿在美国波士顿。小女儿夫妻俩都在哈佛大学工作,生活比较稳定,她已经把带我到美国读书的想法告诉了他们,他们准备介绍我到波士顿美术博物馆的附

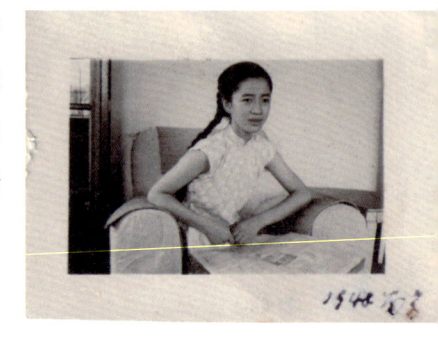

赴美前的我在南京

属美术学校去。叶丽华说，那里环境很好，学习条件也非常好，把我带到那儿，她愿意做我的监护人。

叶丽华所说的计划若能实现，她若真的能够负担我在国外读书的费用，保证我的安全，我就可以顺利地到美国接受高等艺术教育，这无疑是个天赐良机……后来我才知道，爸爸曾考虑过送我到北平艺专上学，他已寄过信给当年在艺专的徐悲鸿先生，但直到"文革"后我才见到徐先生给爸爸和我的来信。

徐悲鸿先生给我爸爸的来信　　徐悲鸿先生给我的来信

.19.

我是在 1948 年 9 月底 10 月初离开南京的,从南京到上海,再从上海飞往美国。

吕斯百爸爸一直把我从南京送到上海机场。他和干妈把我当亲生女儿一样对待,为我的前程操尽了心,其周到和细致,甚至超过了我的亲生父亲。

1948 年夏,我和爸爸在南京大学宿舍校园内合影

1948年夏，我在南京与爸爸看敦煌摹本

临行前，爸爸给我一个随身用的小皮箱，上面写着法文字母：S.D，这是我名字的缩写，他用油画笔给我写上去的。他在小皮箱上一笔一笔专心写字的情景给我留下了非常深刻的印象，多少年都忘不了。对爸爸来说，我是他最听话的乖女儿，从小听着他的话长大，在敦煌与他相依为命，在他最艰难的时候陪在他身边。现在，我不知道自己离开爸爸的日子会是什么样子，而爸爸望着我的慈爱目光中，也分明夹杂着几分怅然。

1948年10月，赴美临行前爸爸在我的小皮箱上写上S.D

.20.

飞机下面，爸爸在向我挥手，吕伯伯在向我挥手，爸爸身边是小小的嘉陵……

飞机在震耳的轰鸣声中起飞了。我平生第一次坐飞机，遭遇比坐公交汽车更强烈的头晕、恶心，难过得没法忍受。天哪！我怎么办？离开了爸爸，离开了嘉陵，离开了吕爸爸，离开了敦煌……我终于爆发了，不管不顾地号啕大哭起来。坐在旁边的叶丽华轻轻拍拍我的手："沙娜，沙娜，What's the matter? What's the matter?（你怎么了？）"我没有回答她，越哭越凶，情感极度的失落与身体极度的不适搅在一起，哭声与飞机的轰鸣声搅在一起，我就这样一路哭泣着，来到了那个陌生的国度，走进了一个全新的世界。

我和叶丽华夫人

.21.

教设计课的老师是个老太太,她上课用留声机放音乐给学生听,叫学生听着音乐画画,感受到什么就画什么。我弄不懂了:音乐—感受—画画,画什么呀?怎么画呀?老师说:从感受出发,抓住自己的灵感,随意画,画抽象的画。可我听了那些音乐既没产生感受,也没迸发灵感,抽象是什么就更不明白了。我脑子里只有敦煌,一动笔就是敦煌。后来我索性不再冥思苦想了,不是随便画吗?那就画敦煌吧,敦煌的菩萨、飞天、莲花、祥云……一画起这些,我笔下的线条就活了,画面就活了,心情特别舒畅。老师走过来看我的画,奇怪地问:"这是什么?和音乐有关系吗?"我说:"No,

我刚到美国时的留影

在美国，我带着孩子们看抓到的蛐蛐

it is a different feeling."我告诉她，我对那音乐没感受，但是内心另有感受。她说那你在干什么，我说我在画我们中国的东西。她愣了一下："那就随便，随便！"这样的课就叫设计课，我怎么也适应不了，好在美国老师对学生很宽容，我就随心所欲了。

. 22 .

在波士顿，叶丽华还安排我去一些地方现场画画，请不少人来看我默画敦煌壁画。我随笔默画了一部分北魏时期的伎乐人和有动物的山景，全凭自己脑子里的记忆和在敦煌练出来的功夫，得到了人们的惊叹和赞扬。那些当场默写的画，叶丽华可能就把它们卖掉了。

给我印象最深的是1949年6月28日的一次现场画画，地点在波士顿一个环境非常优雅的庭园里。我穿着出国前干妈马光璇为我做的锦缎旗袍（这是我最漂亮的一件衣服），胸前戴了两朵挺大挺香的栀子花，自己觉得样子有点异样，但那时美国人就兴这样，在纽约参加画展时我也是戴着这样的大花。那天我的同学和好朋友露丝陪着我，坐在我旁边，有不少中国留学生来看我作画。当时了解敦煌的人极少，看见这么年轻的女孩能默画出这么奇妙的画，他们都很惊讶，也非常赞赏，兴致很高，画完以后大家一起合影留念。我还专门和露丝合了影。

好友露丝陪我在美国现场作画

我与同学露丝的合影

23

从 1949 年 10 月中华人民共和国成立之日起，留美学生回国的势头大增，"去建设一个新的中国"成了当时萦绕在大家心头的共同向往。众多学生怀着满腔爱国热情一批批回国，1950 年上半年已处于高潮，他们搭乘的轮船"威尔逊总统号"和"克利夫兰总统号"往来于美国和中国香港。据不精确统计，"从 1949 年 9 月起至 1951 年 6 月美国当局禁止中国学生回国止，约有二十批留学生回国，每批回国的人从数十人到一百多人不等（不包括转道欧洲等其他国家回国的）。"（陈一鸣、陈秀瑛文《情系祖国　心系人民》）我记得那时大家见面问对方的第一句话都是："你什么时候回去？"

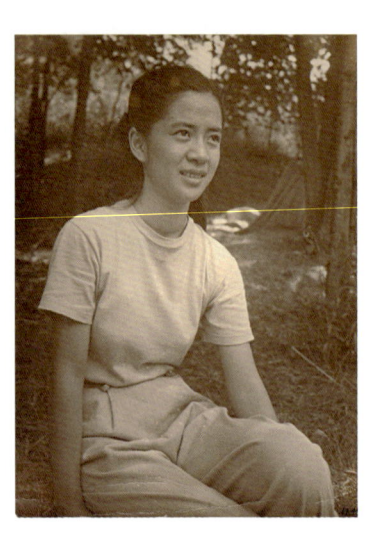

18 岁时的我

1949年，大家满怀热情准备回国（右一为常沙娜）

我在美国学习期间寄回家的照片

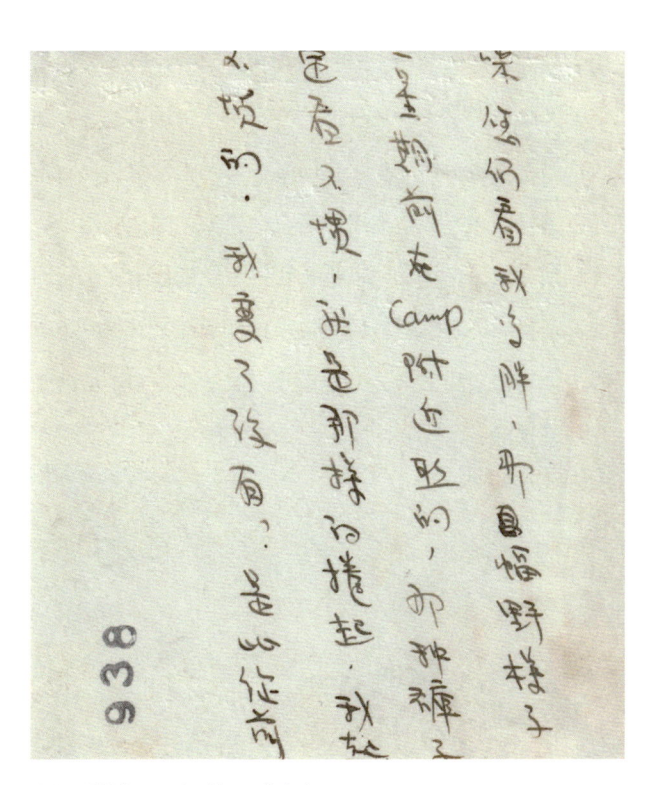

这张照片的背后是我写给父母的留言

.24.

由于动荡紧张的国内外形势，有一段时间我和在国内的爸爸失去了联系，后来终于又联系上了。我把自己的决定写信告诉了爸爸，他给我回了一封信，信上说：你已决定要回来，要勤工俭学自己买票回来，那很好，我很高兴。但是你想到没有，你去美国读书还没有毕业，还没有拿到学位，现在就回来吗？我还是建议你学完了再回来。他开始很肯定我的决心，但最后又说了这样的话，看得出爸爸内心十分矛盾，他既希望我回国，又希望我完成学业。在不能两全的情况下，我不再犹豫了，决心已下，什么都不想了。

陈一鸣、陈国凤和我

我在海边蹚水

邹德华、我和张增年

.25.

1950年12月初,我穿着红毛衣、牛仔裤,乘"威尔逊总统号"轮船启程回国了,在海上整整走了28天。我6岁跟随妈妈从法国乘船回中国,一个月的海上经历还依稀记得。十几年过去,大海还是那样蔚蓝蔚蓝的,无边无际,时而温柔,时而汹涌,而当年不会说中国话的小女孩已经长大了,像长硬了翅膀的小鸟,只身漂洋过海,回奔祖国。迎着清冷的海风,我感觉呼吸是那么顺畅,身心是那么轻盈自由!

1950 年 12 月，我乘"威尔逊总统号"轮船返回祖国途中

.26.

1950年年底我从美国回来了。在美国的学业原定四年，但我两年就回国了，没拿到文凭，没有任何学历，下一步该怎么办？

爸爸当时的想法是我应该到中央美术学院继续学绘画。我曾经在敦煌长时间临摹壁画，表现出一定的绘画天赋，又到波士顿的美术学校按科班程序学了素描、解剖、色彩等绘画基础课程，所以爸爸认为我应该在绘画的路上继续走下去。那时候董希文已经在中央美院了，他对那里的情况比较熟悉，认为我可以考虑再去那里插班学习。其实我到美国以前，爸爸已经准备送我去中央美术学院的前身、当时的北平艺专上学了，时任北平艺

回到上海后，我们都换上中式棉服（从左至右：何光乾、萧光琰、常沙娜和后来任职于上海音乐学院的一位老师）

专校长的徐悲鸿先生应爸爸的托付已经为我做好了入学安排，还特为此事给爸爸和我写了几封信，其中给我的一封信上写道："你愿意来到我们的学校我感觉到非常骄傲。你可好好的完成你的临摹作，到九月随着你伟大的爸爸来北平补考入学。"信末的日期没有写明年份，现在推测这应是在1948年叶丽华到敦煌履约前后，因为爸爸后来决定让我随叶丽华去美国，这件事就搁置下来了。

.27.

1951年春季的一天,梁思成、林徽因夫妇如约来到了故宫午门参观"敦煌文物展览",我跟着爸爸一起去接他们。其实当时梁先生和林先生也就是四十多岁的样子,可他们是我的长辈,又博学多才声名远扬,20岁的我也就把他们视为老人了。梁先生个子不高,远没有我想象的那么魁梧,见面给我的印象是个和蔼可亲的"小老头儿"。林先生是著名的才女加美女,气质高雅,但那时已经病得非常瘦弱,爬台阶走两步就得歇一歇,我就更把她当老人小心搀扶了。

我看到,梁先生和林先生一进展厅就惊呆了。那时研究所的临摹品都是原大的,敦煌石窟各个朝代的壁画画幅本来就很大,那么多摹本集中展示,气场更强,敦煌艺术的气息特别浓厚,对敦煌心仪已久但一直没有亲自去过的两位先生面对这些酷肖实物的摹本,真的是惊呆了。我注意到梁先生的嘴唇微微颤抖,林先生清秀苍白的脸上竟泛起了红晕,那种对敦煌艺术发自内心的痴情真是令人感动。

看完展览以后,他们对爸爸坚守敦煌的精神和做出的成绩很肯定、很崇敬,梁先生又问我:"沙娜,你小时候也在那里?"我说是的,接着他又问了我一些问题。

和梁、林二位先生的第一次见面已经过去整整60年了❶,但这些情景我至今还都清晰记得。

❶ 本文作于2011年。

我在北京故宫午门"敦煌文物展览"前

.28.

梁思成、林徽因先生来看展览后的一天,爸爸告诉我:"沙娜,梁伯伯他们这次看了敦煌展览很受感动,回去以后有很多想法,梁伯伯跟我说,想让你去他那里。"我不明白,我去他那里干什么呀?爸爸说,是去梁伯伯所在的清华大学,"梁伯母身体不好,梁伯伯希望你在她身边,向梁伯母学习,可能需要你在敦煌图案方面配合她做些工作"。我从来都是听话的,马上不假思索地回答:"可以。"就这样同意了。

.29.

新中国成立后,梁思成、林徽因先生对新时代充满希望,对国家的发展有许多热情洋溢的构想。多才多艺的林先生多年来和梁先生一起,在中国古建筑研究方面颇有建树,而她早年在美国宾夕法尼亚大学美术系学美术,在装饰艺术方面也有深入研究,这时她正着手北京传统工艺景泰蓝的新图案设计,希望为历史悠久的传统工艺注入新的活力,带动整个产业的复兴。在展览会上见到我以后,两位先生一定是认为我在敦煌艺术的熏陶滋养下长大,有敦煌图案的基本功,又在美国学习过,开阔了艺术视野,跟着林先生做这些工作很合适,所以他们很快就做出决定,破格推荐我到清华大学营建系做助教。

我在绘制莫高窟的石膏模型

我在什么学历都没有的情况下，忽然得到清华大学这样一所中国最知名大学的聘任，感到非常意外，受宠若惊。直到现在我还认为：如果不是在那个百废待兴的特定年代，不是因为德高望重的梁、林二位先生不拘一格的推荐，这是完全不可能的事。这个意外的机缘改变了我的一生。我没有再去中央美院上学，走绘画的路，而是从此转向工艺美术，转向艺术设计，并一辈子从事艺术设计教育工作。

30.

林先生是个长期卧床的病人,总是倚着一个大枕头躺着,床上有个小桌一样的架子,可以写字画画,也可以放一杯水。梁先生的身体也非常不好,在我的印象里,他们两个不是这个躺在床上就是那个躺在床上,许多工作都是在床上完成的。我去清华的时候他们刚忙完国徽设计,梁先生又在考虑北京的城市规划和人民英雄纪念碑的图案设计;而林先生正领着一些年轻教师酝酿改进北京的传统工艺产品现状。

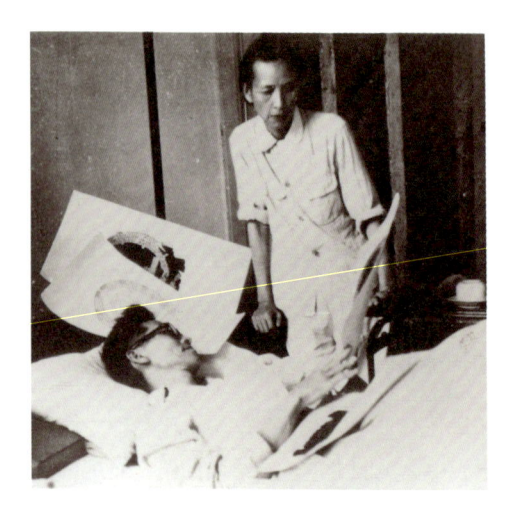

1950 年,梁思成在病中与林徽因讨论国徽的设计方案

31.

那两年,每天或隔一天的上午十点多钟,林先生精神比较好的时候,我和钱美华、孙君莲就到她的身边,聆听她的一些想法。她告诉我们这段时间应该做什么、怎么做,我们就按照她的指示去工作。

林先生认为,旧日景泰蓝产品的图案风格是需要改造的,像清末那种烦琐杂乱、孱弱无力的宫廷风格,就不能代表我们民族传统艺术的精华。我们要继承的是自己民族优良的传统,而且不仅只是继承,还要发展出新时代的民族工艺,它们必须是民族的,也必须是今天的。

在林先生的指导下,我们尝试将景泰蓝产品设计为台灯、烟具、盘子等日常用品

32.

林先生说:"景泰蓝是北京的特种工艺,应该很好地发展,要利用传统的工艺技术,改进它们的功能、造型和装饰设计,将陈设品转化为日用品,和人民的日常生活结合起来。设计小件的器皿是适应大众购买力的一种办法,工艺品有了实用价值,购买者的兴趣就有可能提高。"找到了这个思路,她就开始想方设法实现它,在她的指导下,我们尝试把景泰蓝产品设计为台灯、烟具、盘子之类的日常用品,将传统的工艺、材料和形式应用于现代生活。除了景泰蓝,我们还尝试过烧瓷,把宋代磁州窑的图案、敦煌的图案等变化后用在这些工艺产品上。

·33·

1952年，亚洲及太平洋区域和平会议在北京召开，这是新中国成立以后第一次在我国召开的国际会议，林先生组织我们为大会设计一批礼品。

林先生兴致勃勃带着我们设计头巾，她口述她的设想，我和钱美华、孙君莲就照她说的做，把她的创意体现出来。我设计的真丝头巾采用敦煌隋代石窟的色调，上面穿插和平鸽图案，就是在林先生指导下做出来的。记得当时她讲："你看看毕加索的和平鸽，可以把鸽子的形式用在藻井上。"她一说，我就有了灵气，马上就设计出来了。

我与"和平鸽"头巾合影

1951年，在林先生指导下我设计的
景泰蓝"和平鸽"大盘

景泰蓝"和平鸽"大盘局部

我还设计了一个景泰蓝盘子，熟褐色的底子，白色的鸽子，加上卷草纹，既是敦煌风格，又是现代的。我们的设计做出来林先生都挺满意。亚太会议开幕以后，那些礼品给了各国代表一个惊喜，反响非常好。我还记得苏联芭蕾舞蹈家乌兰诺娃赞美的话："这是新中国最漂亮的礼物！新的礼物！"设计成功了，林先生和我们都高兴得很。从林先生把着手指导的实践中，我们获得了一次美学和图案创作方面的有效训练。

34

我清楚地记得有一天，林徽因拿出一本德国出版的欧洲和中近东的图案集，给我们讲隋唐文化和中近东以及欧洲文化的相互交流与影响。抚摸着这本难得看到的精美画册，她感慨地说："我们也应该整理出一本中国自己的历代图案集！"她说她一直不甘心，中国有五千年的历史，历朝历代都有那么多好的图案，无论彩陶、青铜器、漆器、壁画，都是非常丰富的装饰图案遗产，为什么没有人把它整理起来，出一本完整的书？她说："王逊你来写，让沙娜她们画图案，一块儿配合，搞一本我们中国的历代图案集！"林先生甚至草拟了一份《中国历代图案集》的提纲，规划得既宽远又具体。

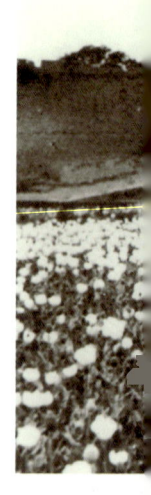

· 35 ·

我到清华的时候刚刚 20 岁,对梁先生、林先生只知其名,了解极少,直到生活在他们身边,耳濡目染,才领略了两位先生渊博的学识、深厚的修养和崇高的境界,尤其是林先生作为中国著名的一代才女那独特的人格魅力。林先生明知自己已经时日不多,仍在病榻上那样呕心沥血地工作,无私地贡献着超凡的聪明才智,我亲眼见到了她生命中最后的风采,也是获得她亲自教诲的幸运者。1955 年林先生就离开了人世,年仅 51 岁。

1937 年,林徽因赴敦煌途中(后未成行),在陕西耀县留影

.36.

1953年正逢全国性的院系大调整,营建系里的文史、艺术类教师都调离了清华大学,我也被调到中央美术学院的实用美术系。那年我22岁,年轻无知,对新的变化并不懂得什么,只为离开了给我不少指导教诲的梁、林二位先生而感到不舍和惋惜。

1953年我绘制的小菊瓶,画纸的下方有一行小字
——必须爱护图案

37

中央美院的实用美术系和华东分院的实用美术系原来都是国内专业力量很强、教学颇有传统的学科，通过这一强强联手，南北人才大汇集，再加上其他院校一些教师调来，中央美院实用美术系的师资真可谓群贤毕至，少长咸集，实力极其雄厚；这也为3年后成立中国的工艺美术教育最高学府——中央工艺美术学院奠定了重要基础。

在实用美术系工作的短暂3年里，除了完成研究室的研究整理传统图案的任务和系里的图案教学任务，我也开始积极参与国家的一些设计任务。记得在周令钊先生的指导下，我光荣地参加了当时作为"政治任务"的中国共产主义青年团团徽、抗美援朝英雄纪念章、将军服等方案的设计。在经验丰富的周令钊先生指导下进行这些重要的设计实践，我获益匪浅。团徽设计我记得曾仿照苏联的共青团团徽做了一个方案，创意被采用了，后来又做了不少改动。通过这些设计实践我明白了很多道理，所以我后来在教学中一直强调：我们搞设计不是像画一幅画那样，画完了签个字、盖个章，一署名就是某个人的作品了；设计都要运用不同材料、工艺，由多人不断改进、共同完成，绝不是简单的个人作品。

38.

经过周恩来总理正式批复并命名，1956年的11月1日，中央工艺美术学院宣告正式成立，中国唯一的中央级工艺美术最高学府诞生了。从此她与我相依相伴，难分难离。

从1958年上半年开始，在党中央国务院的部署下，首都北京开始建设新中国诞生后的第一批"十大建筑"（人民大会堂、历史博物馆、军事博物馆、民族文化宫、钓鱼台国宾馆、美术馆、农展馆、北京火车站、新北京饭店、民族饭店），作为新中国成立十周年的献礼。

首都剧场大厅天顶设计石膏花装饰之一

首都剧场大厅天顶设计石膏花装饰之二

首都剧场大厅天顶设计石膏花装饰之三

我被分配在人民大会堂的设计组,同时还在民族文化宫参与了大门的装饰设计。人民大会堂繁重的建筑装饰设计工作是由奚小彭负责主持的。

·39·

宴会厅的天顶装饰由我负责设计,而整个设计过程就是一个非常实际而完整的学习过程。受敦煌藻井图案的启发,我在大厅的天顶中央设计了一朵唐代风格的圆形浮雕大花。开始设计时,我只是在纯装饰性上下功夫,没有作任何功能的考虑,建筑设计院的工程师张镈看了马上告诉我:"沙娜,这样光弄花瓣不行,你得把通风口及

点亮人民大会堂宴会厅的顶灯

人民大会堂宴会厅天顶设计

照明灯组合在里面。中心也不能只搞你那个花蕊，要把中心与灯光结合起来。这样照明还不够，还需要把另外那些小花和灯组合在一起。""通风还不够，在外圈也得设通风口。"我按照他的要求进行修改，把通风口、照明的要求与装饰效果结合起来。这些问题解决了，又发现外面一圈的灯口一个一个摆着不好看。张镈工程师又教我："你把这些圆点引出来，连起来。"听他一点拨，我马上就开窍了，在外圈设计了成串的一圈小圆灯，项链似的，一下子就把那些孤立的灯口很优美地连起来了。张镈工程师很高兴："你看这样多好，解决了我们照明的需要，又形成一条项链，多漂亮啊，你把里面的内容也给呼应过来啦！"

我最后完成的设计方案是把通风、照明的功能需求潜在地组织在敦煌风格的唐代富丽花饰图案里，使它们成为天顶装饰的有机组成部分。这个设计既有装饰美感，又具备建筑必需的实用功能，很完整，而且一看就是民族的——我在敦煌打下的基础充分发挥了作用。通过这一实践我真正体会到了，艺术设计绝不是纸上谈兵，必须把艺术形式与材料、工艺、功能结合在一起才能成功。

人民大会堂外立面柱廊设计和墙面装饰

须弥座的石雕花饰

民族文化宫的大门装饰

40.

为了让从事艺术教学和研究的教师们亲身体验民族的"源"、生活的"流",工艺美院的院系领导倡导各专业的年轻教师到民间和社会中去,根据教学需要认真做调研工作。1959年暑假,染织系主任程尚仁先生安排我和李绵璐、黄能馥三人去敦煌莫高窟,利用假期,把莫高窟历代壁画、彩塑人物服饰上的图案按年代分类收集,临摹整理。我父亲当时正任敦煌文物研究所所长,对我们的这一工作非常支持,并给予了指导。我们三个人在洞窟里对临,收集服饰图案,又按服装部位和年代进行分类,共整理出彩图328幅。我还怀着重回故里的喜悦带李绵璐、黄能馥去了月牙泉、阳关、戈壁滩,体会"西出阳关有故人"的乐趣。

1959年夏,为"敦煌历代服饰图案"任务赴敦煌——我和李绵璐、黄能馥在月牙泉边

我们在整理收集到的纹饰图案

绣花帽纹饰（和田）

这批"敦煌历代服饰图案"的整理资料回到学校后在染织系展出，很受程尚仁、柴扉等老先生的赞扬。但由于当时正搞"反右倾"运动，学校也没有条件整理编辑，这批珍贵的资料就先由我保存起来，没想到竟从此尘封了27年，直到1986年10月终于正式出版发行。

2003年，我带着四位硕士研究生先后两次专程去敦煌，又编绘了一部题名为《中国敦煌历代装饰图案》的图案集。我要求自己和学生沿用传统的手绘方式一丝不苟地描绘每一幅纹样，并融入自己对敦煌图案的深入理解。几个研究生跟着我完成了整理、绘制、分析研究的全过程，理论和实践水平都有了大幅度的提高。

这本画册出版时，父亲已经去世了，我依旧用了他于1958年写的文章《敦煌图案》作为代序一，又选用了林徽因先生写于20世纪50年代的文章《敦煌边饰初步研究》作为代序二。林徽因先生这篇没有写完的论文从来没有发表过，如果不是楼庆西教授在资料堆中意外发现，世人也许永远不会读到它。文章追溯到佛教艺术的源头，旁征博引地将中国敦煌图案和外国装饰的来龙去脉做了一番翔实的比较，与《中国敦煌历代装饰图案》的内容再贴切不过了。忆念当年林先生在重病中对我们日复一日的教导，回顾她对梳理、发扬博大精深的中国装饰图案艺术的热望和宏愿，这篇于特定的时刻从天而降的遗稿仿佛传递着林先生来自天国的鼓励和期待。

我（前排左三）与同学和老乡们合影

联系索要文稿时，楼庆西先生问我："这个稿子没写完，怎么办？"我不假思索地说："没写完也要！"他就打印出来交给了我。我没有对文章作任何改动，原原本本地将它作为画册的代序发表了。画册出版面世时，我在心中默默祝祷，告慰逝去的前辈们：我正在完成他们生前的夙愿，我要让后代了解、重视中华民族五千年文化艺术的脉络及灿烂传统，承前启后，代代相传！

1971年，我在河北获鹿

在老乡家的院子里，大家围坐在一起吃饭

4.

1961年11月20日，我有幸参加了由中国人民对外文化协会会长楚图南先生率领的"中国文化代表团"访问日本。当时，这个代表团的访日活动对促进中日恢复正常邦交起了重要作用。楚图南先生作为文化使者、老前辈，带团进行了内容丰富、形式多样的访问活动。无论走到哪里，我们都受到日本文化、艺术、教育团体的热烈欢迎。日本朋友强烈表达要求恢复中日邦交的诚挚愿望，众人手持红旗、花束向我们致意的场面给我留下了极其深刻的印象。

没有料到，这次成功的赴日访问，也成了我个人生活的重要转折点。我初次认识了代表团的日文翻译崔泰山，才知道他就是在1958年曾随同爸爸赴日本举办"中国敦煌艺术展"并全程担任翻译近两个

我与崔泰山的结婚照

1977年初，我和崔泰山抱着刚出生的儿子崔冬晖

月的崔泰山。爸爸对他早就有所了解，而且印象很好。后来经爸爸牵线，我和崔泰山于1963年冬结婚，从此真正感受到了夫妻的恩爱。我们简朴的小家就设在工艺美院的教职工宿舍楼里，结婚没举行任何仪式，只在登记那天拍了一张结婚照。记得染织系主任程尚仁先生和同事们曾登门前来祝贺。

婚后不久，我就随学院师生到河北农村参加"四清"运动去了，我们各自又忙于面临的各项工作和任务。

42.

1972年，我突然被调回北京，参加"中华人民共和国出土文物展览"的筹备工作。这是我们国家第一次在海外举办的大型文物展览，文化部、历史博物馆、故宫博物院正组织一些专业人员在故宫武英殿为展览临摹壁画、复制织物漆器等相关文物，负责这项工作的是当时在历史博物馆的陈大章。我事先完全不知道这件事，得知仅我一个人从部队农场调回北京，感到非常意外。周围好多人既羡慕又不解：常沙娜交了什么好运，怎么把她单独抽调回去了？

我和陈若菊在武英殿为展览做临摹工作

我在位于长沙的湖南省博物馆临摹马王堆汉代棺椁图案

回到北京后我立即去故宫武英殿报到,和我一起报到的还有中央美院的周令钊先生,他也是从河北的部队农场回来的,我才知道这次调回来的只有我们两个人。我和周先生接受的第一个任务是去西安户县草堂寺,临摹存放在那里的乾陵永泰公主墓的出土壁画。我几乎十多年没有画画了,现在有机会到西安临摹古代壁画真迹,真是喜从天降,兴奋极了!

·43·

因为还有许多任务,人手不够,陈大章让我和周先生再提名调人,我们就提了工艺美院的陈若菊、李永平、崔栋良、朱军山、侯德昌几位,在武英殿壮大了我们的队伍。根据展览的需要,大家又临摹、复制了一大批不同时代的各类文物,天天沉浸在画画的快乐之中。在此期间,我们还专程去了长沙的马王堆,在博物馆内非常难得地依照新出土的原物临摹了汉代棺椁上的漆"方纹兽",以及云纹绣、绫、纱等精品文物,充分施展了我们描绘用色的基本功,将封闭十余年的潜力重新焕发出来。这是"文革"后首次举办的出国展览,我们已经有很多年没有这样聚在一起为国出力了!

在不到一年的时间里,我们为展览完成了51件高质量的临摹复制品,圆满完成了任务。那时我们正年富力强,工作热情又空前高涨,临摹的水平非常高。这个"出土文物展"以精彩的临摹品加一些真品文物赴日本、法国、美国、墨西哥等国巡回展出,为中国恢复国际文化交流起了重要作用。

我带着儿子小晖去王合内妈妈家，在洋溢胡同合影留念

命运把我推上了工艺美院院长的位置,千斤重担落到了我肩上。我深知,中央工艺美术学院是当时唯一的全国性艺术设计院校,能不能办好这所学校事关重大,而我,行吗?……回顾当初,也许是父辈勇于献身的血性遗传起了作用,也许是当年艰苦的沙漠生活给了我披荆斩棘的胆量,当我知道没有退路、只能迎头而上的时候,我就豁出一切,全力以赴地把这副重担挑起来了。

庞薰琹先生将学生代表的献花转送给我

77 级师生合影

1989 年 10 月,我在给染织系学生上图案写生课

20 世纪 80 年代，我们一家三口在日坛公园雪景中留影

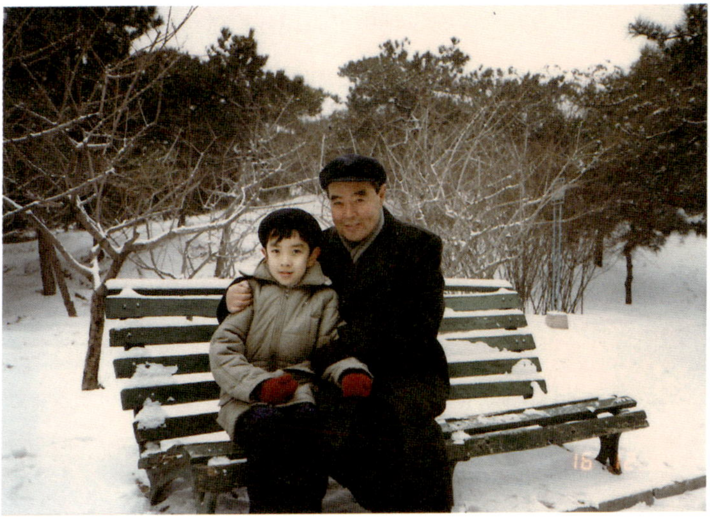

45.

1997年香港回归在即，在设计中央人民政府送给香港特区政府的纪念雕塑的时候，中央工艺美院也参加了。当时全国许多单位参与，出了几十个方案，筛选后留下十几个，再筛选，只剩工艺美院的三个方案。设计团队按要求把每一个方案都做出来，参加最后的评选，最后选中的是"永远盛开的紫荆花"。这是我1998年卸任工艺美院院长前做成的最后一件大事，我负责主持这个重要项目，并参加了方案设计，最终我的创意"永远盛开的紫荆花"被采纳了。后经过中央有关部门多次研究，经过学院的设计组不断修改、完善，该方案最后终于完成。我们完成了使命，这是中央工艺美院为国家作出的最好贡献。我在任职时也尽了最后的力，人生无憾了。

我在中央工艺美术学院建院 40 周年庆典上

1997年1月17日，我在香港写生，这成为"永远盛开的紫荆花"的创意

1997年，在香港落成"永远盛开的紫荆花"雕塑

·46·

爸爸的晚年生活应该说是很安定幸福的,但他始终觉得自己在北京像是在做客一样,摆脱不了临时性的感觉。他身在北京,心还留在敦煌。他自己也说:脑子里装的、心里想的都是敦煌的事。那时他作为政协委员经常参加政协会议,黄苗子、丁聪他们后来告诉我:"你爸爸开会的时候一般不发言,一发言就讲敦煌!"看见爸爸要么不张口,张口就是敦煌,大家都在笑,说常书鸿"魂系敦煌",我觉得这话一点都不夸张。

20世纪80年代,父亲与我在北京相聚

1986年6月在北京家中,父亲仍离不开谈"敦煌"

就在那段时间,赵朴初老先生给爸爸题了一幅字:"敦煌守护神"。现在这个名称都传开了,都叫常书鸿为"敦煌守护神"。他的确是从身到心,守护了敦煌一辈子。

47.

爸爸的人生是和敦煌紧紧联系在一起的,他离开敦煌在北京住了将近十年,心中想的一直是敦煌。他说:"各方面给予我关怀和照顾,使我的晚年过得十分愉快和充实。在北京,我的心仍维系着敦煌,关心着敦煌,做着与敦煌相联系的工作;无论出访或研究、著述,敦煌是我永远的主题。"他的回忆录《九十春秋——敦煌五十年》是这样结束的:"写到这里,我又想到了那飞翔在莫高窟上空婀娜多姿的众飞天,听到了那九层楼上铁马叮当的悦耳响声,我仿佛又回到了民族文化的宝库敦煌。敦煌啊,敦煌,我永远的故乡!"

我一生都受着爸爸的影响,受着敦煌的影响。因为从小跟随爸爸在敦煌生活,我的学习经历不同于一般的孩子,学习敦煌艺术就是我的童子功;敦煌艺术和爸爸对她忠贞不渝的热爱对我的影响是渗透到血液里的,贯彻终生。

1993年12月，我看望爸爸，与爸爸握手

48.

回顾我这辈子做出的成果，图案教学也好，设计也好，包括50年代人民大会堂的设计，和敦煌艺术的基本精神都是分不开的。爸爸对我的作品一直很关注，后来我才发现他收集我的作品照片，在民族文化宫我设计的那个大门的照片上他特意注明"沙娜设计"，仔细保存下来；工艺美院盖好新的教学楼后我办展览，他马上就要去看，表现出极大的关注。爸爸曾经亲笔写信对我说："沙娜，不要忘记你是'敦煌人'……也（到了）应该把敦煌的东西渗透一下的时候了。"我觉得自己多年来有意无意都在作品中渗透着"敦煌的东西"，即我们民族的、传统的文脉和元素。有了它，我们创新也好，搞任何设计也好，才会是我们中国民族的艺术。我在上图案课的时候把握的就是两方面：

爸爸在印有我设计的民族文化宫大门装饰的图片上特意注明"沙娜设计"

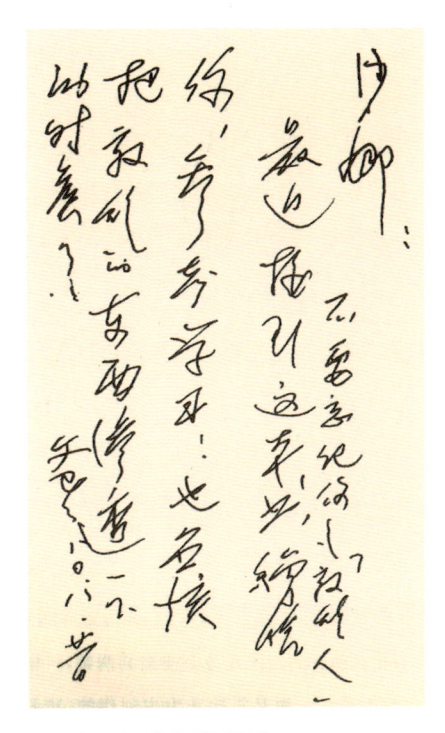

1980年，爸爸给我写的亲笔信

民族的传统和生活的自然。因为装饰艺术的来源一是传统表现的形式，二是百花齐放的大自然。我尤其深刻地理解了50年代周恩来总理提出来的、梁思成林徽因等大师奉为宗旨不停阐述的艺术创作原则——"民族的、科学的、大众的"。这指的就是文脉，一种民族性的、血液里的东西。

49.

我有一个习惯，不论在国内国外、南方北方、闲暇散步的时候，目光都会不由自主地投向路边草丛，寻找"幸运草"。那种被称作酢浆草、苜蓿草或车轴草的野草一般有三个心形叶片，偶尔有四片叶的，就是人称的"幸运草"了。据植物学家的说法，这种植物变异的概率是十万分之一，可是我遇到的概率比这要高许多，有时在不经意间就会有收获。

应该说，我确实是幸运的。我有一个被称为"敦煌守护神"的父亲，父亲又把我带到了佛教艺术的圣地敦煌。我得天独厚地在千年石窟艺术精神的哺育下长大，又得以在中央工艺美院的校园内与数十年的老同事、老朋友共同在更广阔的天地间历练、驰骋。在我的生活中，有苦有乐，有荣有辱，有与亲人的悲欢离合，有为理想的奋斗献身。然而在我快要走到人生边上的时候，还有那么多该做的事、想画的画在等着我，如果今天让我在吹熄蜡烛之前许一个愿，我的愿望就是，继续采到"幸运草"，让我好好为祖国、为党、为人生做完自己应该做的事，没有遗憾地走完今生幸运的路。

2004年8月19日，摘自莫高窟的"幸运草"

图书在版编目（CIP）数据

花开与敦煌：常沙娜眼中的敦煌艺术 / 常沙娜著. —北京：中国青年出版社，2023.10（2025.1 重印）
ISBN 978-7-5153-7022-4

Ⅰ.①花… Ⅱ.①常… Ⅲ.①敦煌学－艺术－研究 Ⅳ.①K870.6

中国国家版本馆CIP数据核字（2023）第156783号

责任编辑：王飞宁　彭宇珂
书籍设计：瞿中华

出版发行：中国青年出版社
社　　址：北京市东城区东四十二条21号
网　　址：www.cyp.com.cn
编辑中心：010-57350501
营销中心：010-57350370
经　　销：新华书店
印　　刷：北京雅昌艺术印刷有限公司
规　　格：787mm×1092mm　1/32
印　　张：10.5
字　　数：200千字
版　　次：2023年10月北京第1版
印　　次：2025年1月北京第2次印刷
定　　价：68.00元

如有印装质量问题，请凭购书发票与质检部联系调换
联系电话：010-57350337